U0125876

华章经典 · 金融投资

期权入门与精通

投机获利与风险管理

·原书第3版·

OPTIONS FOR THE BEGINNER AND BEYOND

Unlock the Opportunities and Minimize the Risks, Third Edition

[美] W.爱德华·奥姆斯特德 著　　李天尧 李霁月 郭金诺 等译
W. Edward Olmstead　　　　　　上海中期期货股份有限公司

机械工业出版社
CHINA MACHINE PRESS

图书在版编目（CIP）数据

期权入门与精通：投机获利与风险管理：原书第 3 版 /（美）W. 爱德华·奥姆斯特德（W. Edward Olmstead）著；李天尧等译 . —北京：机械工业出版社，2023.3（2024.6 重印）

书名原文：Options For The Beginner And Beyond: Unlock The Opportunities And Minimize The Risks (Third Edition)

ISBN 978-7-111-72662-3

I. ①期… II. ① W… ②李… III. ①期货交易 - 基本知识 IV. ① F830.9

中国国家版本馆 CIP 数据核字（2023）第 042119 号

北京市版权局著作权合同登记　图字：01-2022-3165 号。

W. Edward Olmstead. Options For The Beginner And Beyond: Unlock The Opportunities And Minimize The Risks, Third Edition.

Copyright ©2020. All rights reserved.

Simplified Chinese Translation Copyright ©2022 by China Machine Press. This edition is authorized for sale in the Chinese mainland (excluding Hong Kong SAR, Macao SAR and Taiwan).

No part of this book may be reproduced or transmitted in any form or by any means, electronic or mechanical, including photocopying, recording or any information storage and retrieval system, without permission, in writing, from the publisher.

All rights reserved.

本书中文简体字版由 W. Edward Olmstead 通过 SPRO, Inc. 授权机械工业出版社在中国大陆地区（不包括香港、澳门特别行政区及台湾地区）独家出版发行。未经出版者书面许可，不得以任何方式抄袭、复制或节录本书中的任何部分。

期权入门与精通
投机获利与风险管理（原书第 3 版）

出版发行：机械工业出版社（北京市西城区百万庄大街 22 号　邮政编码：100037）

策划编辑：顾　煦　　　　　　　　　　责任编辑：顾　煦

责任校对：张爱妮　梁　静　　　　　　责任印制：常天培

版　　次：2024 年 6 月第 1 版第 2 次印刷　　印　　刷：三河市国英印务有限公司

开　　本：170mm×230mm　1/16　　　　印　　张：18.75

书　　号：ISBN 978-7-111-72662-3　　　　定　　价：89.00 元

客服电话：（010）88361066　68326294

版权所有·侵权必究
封底无防伪标均为盗版

本书中的所有书面内容仅供参考和教育目的。作者和出版社对其准确性和完整性不做任何声明。在实施期权交易之前,应与个人顾问详细讨论所有信息和想法。本书的存在不得被解释为向任何读者出售或要约出售投资咨询服务。

交易期货和期权存在重大损失风险。期权并不适合所有投资者。本书作者和出版社不对本书用户基于本书包含的教育信息执行的交易负责。本书中提供的信息不代表买卖股票、期权或任何金融工具的建议,也不旨在作为对任何证券或投资的背书。本书中的信息本质上是通用的,并不针对任何个人的具体情况。因此,用户对自己的投资研究负有全部责任,并应在做出任何投资决定之前征求合格投资专业人士的意见。策略的结果表现基于模型组合。实际表现会因多种因素而异,包括市场状况和交易成本。过去的表现不一定代表未来的结果。

对其他资源的引用: 为了方便读者,本书可能会引用其他资源。来源可能是政府机构、非营利组织和私营企业。当读者引用资源时,作者和出版商不保证这些外部资源发布的任何信息的准确性、可靠性或及时性，也不认可这些系统链接的任何内容、观点、产品或服务，并且不承担任何因依赖其信息的准确性、可靠性或及时性而造成任何损失的责任。此类信息的某些部分可能不正确或不是最新的。任何依赖从这些系统获得任何信息的读者都应自行承担风险。

图表免责声明： 所有图表仅用于说明，并不代表任何特定的投资工具。过去的表现并不预示未来的结果。

W. 爱德华·奥姆斯特德（W. Edward Olmstead）拥有美国莱斯大学学士学位和美国西北大学博士学位，现在是麦考密克（McCormick）工程与应用科学学院的应用数学名誉教授。他因卓越的教学而获得了多项著名奖项，其中包括获得讲席教授荣誉。他的教学活动包括涵盖期权定价理论和期权交易实用策略的课程。

在金融领域里，奥姆斯特德博士有着超过 15 年的期权交易经验。他持有美国金融监管机构 FINRA 的 65 系列执照，是位经验丰富的期权交易顾问。他还在网络媒体上发表了大量与期权相关的文章。

2003～2007 年，奥姆斯特德博士担任 Independent Investor, Inc. 出版的《期权专家》（*The Option Professor*）的编辑。他在 Spear 资产管理公司担任过期权分析师一职，还曾为芝加哥商品交易所（Chicago Mercantile Exchange）的会员公司研究超短期交易概念。自 2010 年以来，他利用专有期权策略为私人客户管理资金。

兰德尔·E. 奥姆斯特德（Randell E. Olmstead）与奥姆斯特德博士合作撰写了第 31 章，并负责本书第 3 版的编辑和出版工作。兰德尔拥有美国圣迭戈州立大学经济学学士学位、美国希尔德学院数据处理和会计副学士学位。兰德尔是一家技术和商业咨询公司的总裁，持有 65 系列执照并且是一位有丰富经验的期权交易员。

本书适用于刚开始学习期权的人以及希望将基础知识提升到更高水平的人。本书第 1 版的大部分材料出现在为《期权专家》撰写的系列文章中,《期权专家》是由 Independent Investor, Inc. 出版的关于期权交易的月度在线通讯。其中一些材料最初是为美国西北大学教授的期权定价理论和应用课程准备的。

本书第 2 版和本次新版中包含的新材料主要来自作者过去几年的交易经验。

第一部分包括第 1 ～ 9 章。这些章主要是为期权初学者介绍期权的基本知识。那些对期权有一定了解的人可能仍然觉得第一部分值得浏览,因为他们知识上的一些空白可以得到填补。

第二部分包括第 10 ～ 25 章。本部分中的每一章都会深入介绍一种比单边持有某个看涨或者看跌期权更为复杂的策略。其中一些章是前一章介绍的策略的高阶延续。高阶章标有星号,初学者在第一次阅读本书时可以跳过。

　　第三部分包括第 26 ～ 31 章。本部分中的每一章都涵盖了一个主题，该主题适用于具有期权经验且希望拓宽专业背景的人。其中一些章包括其他专门针对期权交易的书籍中未涵盖的主题。本部分所有章都标有星号，因此初学者在第一次阅读本书时可以跳过整个部分。

| **目　　录** |

| 第二部分 |　**交易策略**

| 第三部分 |　特殊主题

| 第一部分 |

OPTIONS FOR THE BEGINNER AND BEYOND

基础知识

第一部分包括第 1～9 章。这些章主要介绍了期权的基础知识，适合初学者。对期权有所涉猎的读者也可以通过阅读这一部分内容来进一步增强自己对期权的理解。

第 1 章

引　言

为什么选期权

为什么市场中的投资者、投机者会使用期权？答案很简单，期权可以极大地提高投资组合中股票的收益，同时（或者）为头寸提供保护途径。这一章的目的是让期权投资的入门者熟悉、理解看涨期权与看跌期权的概念，并介绍使用期权的简单方法。

假设你以每股 30 美元的价格购买一只股票，然后这只股票的价格上涨到 33 美元。价格上涨了 10%，你也获得了 10% 的利润。这样很好。如果用购买期权来代替购买股票，你可能会在价格上涨 10%时得到 100% 甚至更多的利润，这不是更好吗，简直是神奇！

当然，期权也像其他投资一样存在着风险。为了获得最优投资结果，必须要同时考虑期权所对应的风险以及优势。

本书将运用一系列的例子来说明如何使用看涨期权与看跌期权，并重点研究个股期权与交易所开放式指数基金（ETF）期权。ETF 的交易方式类似于股票，但它用指数代表了一组股票，比如道琼斯 30 指数或者行业分类指数（如半导体行业指数）。

期权的基本概念

我们先来看看期权是如何运作的，以便理解期权的基本概念。

股票期权是针对某只特定股票的期权。股票期权的价格一般远低于期权标的股票的价格，这也是股票期权主要的魅力所在。股票期权的价格随着股票价格的变化而变化，相对而言，期权价格变化幅度较小。正如股票价格每天会发生上下波动，期权的价格也会随着股票的价格而上下波动。

我们可以通过和交易股票类似的方式来观察和跟踪期权的价格信息。其间有为数众多的在线服务商，它们为你的经纪账户提供期权价格数据的数据推送。芝加哥期权交易所（Chicago Board Options Exchange，CBOE）提供免费的期权报价数据，但有 20 分钟的延迟。

对于看涨期权，如果股票价格上涨，其对应的期权的价格也随之上涨；如果股票的价格下跌，其期权的价格也同样下跌。

对于看跌期权，如果股票价格下跌，其对应的期权价格会上涨；如果股票价格上涨，其期权的价格会下跌。

也就是说，持有看涨期权就像是持有股票的多头，这是因为持有股票的多头会在价格上涨中获利。持有看跌期权就像持有股票的空头，持有空头会在价格下跌时获利。这种类比大体上正确，不过股票和股票期权之间也有着显著的区别。

股票与期权的主要区别

杠杆

通常期权价格只是股票价格的一部分。假想一只名为 XYZ 的股票，其当前价格为每股 49 美元并有上涨的趋势。此时你可以以 4900 美元买 100 股 XYZ。如果买一份期权来代替这个操作（一份期权代表 100 股股票），你可以只用 200 美元，也就是每股 2 美元来获得同样的上涨收益。

同理，如果股票价格正在下跌，你可以出售 100 股 XYZ[⊖]。这需要支付经纪商一些费用。如果股票价格止跌上涨，那么需要支付的费用将会更多。如果买一份看跌期权，与上例类似，用 200 美元就可以获得股价下跌的收益。

时间限制

期权的时间限制是期权价格比股票低的原因之一。股票的多头或空头可以无限期持有，但期权只可以持有到其相对应的到期日。当买入期权时，通常有不同的到期日供我们选择。你可以选择各种到期日是到期月的第三个星期五的期权。到期月可以是当月、次月或其他延展至一年后甚至更长的月份，一些股票和 ETF 现在也提供至少以 7 天为限的周五或其他周中日到期的周度期权。

持有期权合约的时间越长，相应的期权的价格会越高。比如一份还有 2 个月就要到期的期权价格是每股 1 美元，类似的但是到期日在 4 个月后的期权可能定价在每股 2 美元，而 12 个月后到期的期权价

⊖ 目前国内的方法是融券。

格可能是每股 7 美元。尽管如此，期权价格只是其相对应的股票价格的一小部分。

期权受时间约束的另一个重要方面是，当标的股票价格没有变化时，期权的价格会随着到期日的临近而下降。比如我们买一份还有 2 个月到期、价格为 1 美元的期权，如果相对应的股票价格没有上涨，这份期权的价格或许会在距到期还有 1 个月时下跌至 0.65 美元。这是持有期权的风险之一：在对应股票价格不变时，期权价格会随着时间的流逝而降低。

价格变动

期权的价格会随着其对应的股票价格变动而变动，但变动的幅度相对较小。期权价格与股票价格联系的紧密程度主要取决于期权合约中的参考价格。这个参考价格被称作执行价格。

当你打算购买期权时，通常会有很多执行价格不同的期权可供选择。对于价格比较高的股票，其对应的期权执行价格通常以 5 美元为间距，覆盖涨跌停价格。对于价格中间偏低的股票而言，执行价格的间距可能为 2.5 美元甚至是 1 美元。期权交易者通常用专业术语来描述股票价格和期权合约执行价格之间的关系。当看涨或者看跌期权的执行价格在股票价格附近时，我们把这种期权称为平值期权。当看涨（看跌）期权的执行价格高于（低于）股票价格时，我们称其为虚值期权。当看涨（看跌）期权的执行价格低于（高于）股票价格时，我们称其为实值期权。

对于平值期权而言，期权价格的变化大概是对应股票价格变化的 50%。对于虚值期权而言，期权价格的变化低于对应股票价格变

化的 50%。对于实值期权而言，期权价格的变化高于对应股票价格
变化的 50%。

比如 XYZ 股票的价格为每股 49 美元。一份对应的执行价格
为 50 美元的看涨期权的价格为每股 2 美元。如果在购买期权之后，
XYZ 的价格马上上涨 2 美元至 51 美元，则上述期权的价格会上涨 1
美元左右，达到几乎每股 3 美元。我们再假设，一份执行价格为 55
美元的看涨期权价格为 0.75 美元，同样的在股票价格上的 2 美元涨
幅，对应的期权价格涨幅可能只有 0.2 美元，也就是期权价格是每股
0.95 美元。同样，一份执行价格为 45 美元的看涨期权价格会从 5 美
元上涨到 6.6 美元，上涨接近 1.6 美元。

当然，如果 XYZ 的价格从 49 美元跌到 47 美元，相对应的执行
价格为 50 美元的看涨期权的价格也会下跌 1 美元，会从 2 美元跌到
每股 1 美元。也就是说杠杆在股票价格上涨与下跌时都会发挥作用。

财务风险

当你购买了一份期权时，最大的损失风险受限于购买期权所花费
的成本。最坏的结果发生在当你持有的期权到期但股票价格并未向你
想象的方向运动时，此时的期权已经不值钱了。

举例来说，当你买了一份价格为 2 美元的期权，此时你的花费为
200（=2 × 100）美元。这 200 美元就是你最大的可能损失额度。与买
多或者卖空 100 股股票相比，当股票价格朝着与预期相反的方向大幅
变化时，股票交易的损失远大于购买看涨或者看跌期权合约的成本。

期权主要的风险在于大量投资购买了众多期权，并任由其在到期
时变得毫无价值。这是典型的 100% 的投资损失。当股票价格没有按

照预期的方向发生变动时，你通常会在期权到期之前卖掉它们来挽回一些损失，不至于会将原始投资完全亏掉。

期权详解

下面将从买卖双方的角度来进一步解释期权交易。

期权合约

期权是一份买家和卖家之间的契约。这份契约写明了在约定的时间内，买家和卖家在特定价格上买卖标的股票的权利和义务。就像你不会看到已购买的纸质股票一样，期权交易也没有纸质合约。你在经纪商处购买了期权之后，它就会出现在你的账户里了。

我们继续用看涨和看跌期权来解释期权交易。对于期权的买卖而言，你可能会问，这些买卖会在哪里发生。这些买卖发生在期权交易所，就像股票交易发生在股票交易所一样。你的经纪人会将你的买卖期权请求发送到某个期权交易所，就像他将你的股票交易指令传送到股票交易所一样。

你需要理解，期权有权利和义务。几乎所有标的物为个股股票或ETF的期权都是美式期权。美式期权允许持有者在期权到期前任意一天执行期权。为了更好地理解期权执行，我们将从买卖双方的角度来详述期权是如何执行的。

看涨期权

根据看涨期权合约的规定，看涨期权的买家（持有人）有按照执行价格购买 100 股标的股票的权利。执行时间可以是到期日前的任意时刻。股票以及 ETF 期权提供了一揽子不同执行价格及到期日的期权。

根据看涨期权合约的规定，期权的卖方有义务在期权持有人提出执行期权时按照执行价格向期权持有人提供 100 股标的股票。在期权到期之前的任何时刻，期权卖方都须承担此义务。实际操作中，如果股票价格低于期权执行价格，那么这个期权的买方几乎不会执行期权。即便股票价格高于执行价格，期权也通常是在快到期时才被执行。

购买看涨期权

购买看涨期权的动机通常在于认为 XYZ 股票的价格将向上突破当前水平。下面我们用一个假想的交易来分析购买看涨期权存在的风险，并从这个交易中分析其可能产生的结果。

交易

在 2 月初，股票 XYZ 的价格为 49 美元。你认为此股票会涨，于是购买了看涨期权以期在价格上涨时获利。为了给此股票价格上涨预留一定的时间，你选择了 4 月第三周到期的看涨期权，该期权的执行价格为 50 美元。期权的报价是以每股计算的，此时假设期权的价格为每股 2 美元。由于每份期权合约包含 100 股股票，也就是说你要花 200 美元来购买这份期权合约。

用业内常用的表达方式来说，你已经"多了一份 4 月到期、执行价格为 50 美元的 XYZ 看涨期权"。现在，你可以在 4 月的第三个星期五交易结束之前的任何时间以 50 美元的价格买入 100 股 XYZ。

由于现在 XYZ 的价格是 49 美元而期权的执行价格是 50 美元，所以此时执行此期权并不是个明智的选择。那么为什么要花 2 美元来买这个没有内在价值的东西呢，其原因在于"时间就是金钱"。仅仅用 2 美元就可以在未来两个月 XYZ 价格上涨时获得收益。

风险

最大的损失受限于购买期权时所支付的 200 美元。

可能的结果

我们通过下面的情况来分析期权交易的结果。

1. 假设你相信的 XYZ 的价格在 3 月底会上涨到每股 54 美元得到了验证，此时按照执行价格 50 美元买入股票看起来是个不错的选择，你也觉得这时候可以获利离场了。此时你应该通知你的经纪人以 50 美元的价格行权吗？答案是否定的，你手中期权的价格很有可能已经达到 5.5 美元，也就是说以 200 美元买入的期权现在可以卖到 550 美元，盈利 350 美元。在股票价格仅上涨 15% 的情况下，期权的收益率达到了 175%。

   为何期权会在内在价值仅有 4（=54 − 50）美元的时候卖到 5.5 美元呢？同样的原因——"时间就是金钱"，购买这份期权的人花费了额外的 1.5 美元，是期望 XYZ 的价格会在期权 4 月到期前有进一步的上涨。

   现在来看看为什么卖掉期权比执行期权更有利可图。如果行权，以每股 50 美元的价格购买 XYZ，然后立刻以 54 美元卖掉。此时会有 400 美元的盈利，去掉最开始的期权费 200 美元，净盈利为 200 美元，即执行期权的收益率只有100%。而与之对比，卖掉期权却有175%的收益率。同时，卖掉期权也避免了买卖股票时必须确保经纪账户拥有足够资金的问题。

2. 与第一种愉快的情况相反，下面来看看当4月期权到期时，若XYZ的价格低于50美元发生的不幸的情形。如果你固执地认为股票的价格会上升，并持有至到期。你会发现期权的价值在不断地流逝直到降为到期日的0美元。在这种最坏的情况下，你会损失掉最开始投资期权的全部200美元。通常我们不会让全部损失的情况发生。比如在4月初，距离期权到期只有两个星期，XYZ股票的价格仍旧在49美元左右，你可能会认为这只股票的价格不会再上升了。此时不管价格如何，你会卖出手中的期权。假设你以每股1美元卖出期权，那么，在本次期权交易中，你损失了50%。在期权多头交易中，以50%作为止损线是个比较合理的退出策略。

卖出看涨期权

假设你有100股ZYX的股票，现在市场价为67美元，高于股票当初的购买价，并且看起来不会再涨了。这只股票现在已经可以卖出并盈利了。不过你觉得如果卖出价是70美元就更好了，这就是卖出看涨期权的动机。卖出期权可以立即为你的账户获得一笔现金收入。如果期权最终在70美元的价格被执行，这将是额外的一笔收益。下面通过一个假设的交易来分析其风险，并从这个交易中分析其可能产生的结果。

交易

在 2 月初，你决定卖一份 ZYX 的看涨期权。你选择的是 3 月到期，执行价格为 70 美元的合约。选择 3 月到期的期权合约是为了对继续持有或卖出股票有个尽早的决定。假设这个期权的价格是每股 2 美元，因为合约包括 100 股股票，那么卖出这只期权的收益就是 200 美元。

用业内常用的表达方式来说，你已经"空了一份 3 月到期、执行价格为 70 美元的 ZYX 看涨期权"。这种同时持有股票多头和看涨合约空头的也被称为持保看涨期权（covered call）。在第 14 章"持保看涨期权"有更详尽的叙述。

现在，如果有人在 3 月第三个星期五最后交易日之前，执行他的权利，你就有以每股 70 美元的价格放弃你的股票的义务。这是否意味着价格一旦超过 70 美元你的股票就会因期权被执行而划转呢，答案是否定的。大部分情况下，期权是在临近到期日时被执行的。其原因此前讨论过，在到期前，看涨期权的买家卖出期权来平仓比执行期权能获得更多的收益。当然，在快到期的时候如果 ZYX 的价格高于 70 美元，那么期权的买家会提出行权的要求，以 70 美元的价格买走你的 ZYX 股票。

风险

在这里，你的风险与持有股票一样属于一般风险，因为股票价格可能会大幅下跌。在很小的程度上，股票价格下跌的风险可以被看涨期权空头所带来的价值下降所抵消。

可能的结果

我们通过下面的情况来分析期权交易的结果。

1. 在到期日，ZYX 的价格达到 71 美元。而你的股票已经在 70 美元的价位被执行买走了，你从出售看涨期权合约中获得每股 2 美元的收益，同时还可以从以每股 70 美元的价格出售股票当中获得每股 3 美元的收益（出售期权合约的时候股票价格为每股 67 美元），因此从开始进行期权交易算起，你获得了 500 美元的收益。

    如果在到期日，ZYX 的价格达到 74 美元，情况可能就不同了。你的股票依然以每股 70 美元的价格被对方买走，你的收益是 500 美元，这与股票价格是 71 美元时候的情况是一样的。不过当股票价格达到 74 美元时，如果你没有卖出这份期权，你的收益会达到 700 美元。当然，落袋为安，不卖出 ZYX 的话，700 美元的收益也是纸面上的。持保看涨期权的一个特点就是它迫使你止盈，出售一只几乎没有上涨空间的股票。

2. 在期权合约即将到期的时候，如果 ZYX 的价格略高于每股 70 美元，此时你可能会决定不出售股票。这样你需要购回已经卖出的看涨期权。如果在期权合约到期时，ZYX 的价格依然徘徊在 71 美元左右，那么你回购期权的价格可能会略高于 1 美元（即便在到期日，期权价格仍可能略高于其内在价值）。此时，你获得了出售看涨期权合约每股 2 美元减去回购期权合约所支付的每股 1 美元的收益。现在你依然持有股票，如果股票价格开始下跌，你就会为自己做出回购期权的决定而后悔。

3. 如果期权到期时，ZYX 的价格只有每股 69 美元，那么你出售的看涨期权将变得毫无价值。此时你已经从出售期权中获得了每股

2 美元的收益，同时你还持有股票，每股股票的成本已经降低了
2 美元。你可在下个月重复这样的过程。如果能持续用这种持保
看涨期权的策略，每月可以获得 200 美元的利润，也就是说，即
使股票价格没有上升，而是维持在每股 67 美元的水平，你也能
得到年化 36% 的收益率。如果股票价格走高，而且你每次都能按
照更高的执行价格来卖出看涨期权的话，你将得到更高的收益。

4. 如果在期权到期的时候 ZYX 的价格跌到每股 64 美元。那么从你
   出售看涨期权合约至今，你持有的股票每股损失了 3 美元，不过
   这种不愉快的情况可以通过出售看涨期权获得每股 2 美元的收入
   得到缓解，在这种情况下你的净损失只有每股 1 美元。

看跌期权

　　根据看跌期权合约的规定，看跌期权的买方（持有人）有按照执
行价格卖出 100 股标的股票的权利，执行时间可以是到期日前的任
意时刻。股票以及 ETF 期权提供了一揽子不同执行价格及到期日的
期权。

　　根据看跌期权合约的规定，期权的卖方有义务在期权持有人提
出执行期权时按照执行价格向期权持有人买入 100 股标的股票。在期
权到期之前的任何时刻，期权卖方都须承担此义务。实际操作中，如
果股票价格高于期权执行价格，那么这个期权的买方几乎不会执行期
权。即便股票价格低于执行价格，期权也通常是在快到期时才被执行。

购买看跌期权

　　购买看跌期权的动机在于对 XYZ 股票价格的下跌预期。下面我

们用一个假想的交易来分析购买看跌期权存在的风险，并从这个交易中分析其可能产生的结果。

交易

在 2 月初，股票 XYZ 的价格为 39 美元。你认为此股票会下跌，于是购买了看跌期权以期在价格下跌时获利。因为你认为 XYZ 价格会受到 3 月发布的财务报告的影响而下跌，于是你选择了 3 月到期、执行价格为 40 美元的看跌期权。这里假设看跌期权的价格为每股 3 美元。由于每份期权合约包含 100 股股票，也就是说你要花 300 美元来购买这份期权合约。你现在是"3 月到期、执行价格为 40 美元的 XYZ 股票的看跌期权的多头"。你拥有在 3 月第三个星期五之前任何时间，以每股 40 美元的价格卖出 100 股 XYZ 股票的权利。目前来看，按照每股 40 美元的价格出售 XYZ 股票还是值得考虑的，因为当前市场 XYZ 股票的价格为 39 美元。事实上，出售股票所获得的每股 1 美元的收益已经被 3 美元的期权成本所抵消。为何你要花 3 美元来购买内在价值只有 1 美元的东西呢，原因在于"时间就是金钱"，这句话在看跌期权合约里也同样适用。你只需多付出每股 2 美元，就可以在 3 月期权合约到期前，从股票下跌中获益。

风险

你在这笔交易中的风险受限于购买看跌期权所付出的 300 美元。

可能的结果

我们通过下面的情况来分析期权交易的结果。

1. XYZ 的实际财报比较差，其股价跌到 34 美元。此时行权，以每股 40 美元的价格卖出 XYZ 看上去是个不错的选择。你此时未持有 XYZ 股票对于这笔交易会有什么影响吗？不会，因为如果你打算进行交易并获得收益，你需要做的就是卖掉期权。你原来以每股 3 美元的价格购买的期权合约现在已经价值 7 美元。也就是说，当初你用 300 美元买到的期权合约现在可以卖 700 美元，其中的收益是 400 美元。这表示你在期权交易上获得了 133% 的利润，而与此同时，股票价格仅仅下跌了 13%。

为何在期权内在价值仅为 6（=40 − 34）美元时，期权合约却价值 7 美元呢？再说一遍，"时间就是金钱"。那些愿意以每股 7 美元的价格购买期权合约的投资人认为，在 3 月到期的期权合约到期之前，XYZ 股票可能还有进一步下跌的空间，因而他们愿意花费额外的 1 美元。

现在来看看为什么卖掉期权比执行期权更加有利可图。若要执行期权，你首先要以 34 美元的价格买入股票，然后执行看跌期权以每股 40 美元的价格让其他人买这只股票。此时你获得的收益是 600 美元，减去买入期权所花费的 300 美元，其净收益只有 300 美元。所以执行期权带来的收益是 100%，比卖出期权带来 133% 的收益要低。

2. 与第一种愉快的情况相反，下面来看看当 3 月到期时，若 XYZ 的价格仍然在 39 美元附近发生的不幸的情形。虽然公司的财报没有给股票价格带来负面的影响，但是你仍然固执地拒绝接受这种结果，此时你可能会看到你所持有的期权合约价格从原来的每股 3 美元降到其内在价值，即每股 1 美元。这时，出售期权合约可以获得 100 美元的收益，也就是说，和最初买入期权所付出的 300 美元相比，你损失了 200 美元。

卖出看跌期权

假设你在 ZYX 股票价格为 65 美元的时候卖出了 100 股 ZYX。在 2 月初，ZYX 的价格下跌至 62 美元，但看起来股票不会再继续下跌了。这时你已经获得了 300 美元的利润。不过你最初的目标是等 ZYX 价格降到 60 美元时再平仓并获得 500 美元的利润。这就是你卖出看跌期权的动机。卖出期权会立刻为你的经纪账户带来现金收入，即使你最终不得不以每股 60 美元的价格平仓你的空头头寸，行权也会带来额外的收益。下面我们用一个假想的交易来分析风险以及可能产生的结果。

交易

2 月初，你决定卖出一份 3 月到期的合约，选择 3 月到期的期权合约是为了对你的 ZYX 股票空头头寸有个尽早的决断。你发现你可以按照每股 2 美元的价格卖出这份 3 月到期、执行价格为 60 美元的看跌期权，即你可以从中获利 200 美元。现在，你已经"空了一份 3 月到期、执行价格为 60 美元的 ZYX 看跌期权"。这意味着在 3 月的第三个星期五之前的任何时间，如果买方执行期权合约，那么你就有义务以每股 60 美元的价格购买股票。实际操作中，在期权合约到期之前，只有 ZYX 股票的价格下降到每股 60 美元以下，你才需要执行期权合约中规定的义务。如果你被要求以每股 60 美元的价格购买股票，你的经纪人会立刻购买股票，来冲抵你此前以每股 65 美元价格出售股票的头寸。

风险

在这里，你的风险与出售股票一样属于一般风险，因为股票价格可能会大幅上涨。在很小的程度上，股票价格上涨的风险可以被看跌期权空头所带来的价值下降所抵消。

可能的结果

我们通过下面的情况来分析期权交易的结果。

1. 假如 ZYX 的价格在期权 3 月到期时仍然是 62 美元。因为股票价格到期时高于执行价格，期权变得一文不值。你有卖出期权所获得的 200 美元权利金，你股票的空头仓位也未受影响。因此，哪怕股票价格与你出售看跌期权合约的时候一样，你在这个卖空头寸上也获得了一些额外的收益。

2. 假如 ZYX 的价格在期权到期时达到 59 美元。此时你会被要求以每股 60 美元的价格买入 100 股股票。这正好将你 ZYX 股票的空头头寸对冲。那么此时你实现了既定的目标，即股票价格从每股 65 美元下跌到 60 美元。此外，你还可以从卖出看跌期权合约中获得每股 2 美元的收益，卖出股票获得的 500 美元，加上卖出期权获得的 200 美元，总共可以得到 700 美元的收益。

小结

这一章主要讨论的仅仅是看涨期权以及看跌期权的一些普遍用法。在不同的环境下可以使用不同的期权交易策略来增加盈利的机会。本书将陆续介绍各式各样的期权交易策略。

　　时间就是金钱。这是在进行期权交易时必须时刻牢记的概念。在其他保持不变的情况下，期权的价值是随着时间的流逝而逐渐消失的。当你持有期权的时候，时间就是你的敌人，反之，当你卖出期权的时候，时间是你的朋友。

　　在进行期权交易之前，你需要向经纪商咨询你可以交易的期权的类型。这取决于你的资金量，以及账户类型是否为养老金账户。在得到许可之后，你可以像买卖股票一样买卖期权，委托经纪商交易或自己进行网上交易。

第 2 章

期权选择

什么样的期权合约是便宜的

　　每个人对"便宜"都有自己的见解。从表面上看，价格为 1 美元的物品是便宜的，价格为 100 美元的物品是昂贵的。不过，区分便宜与昂贵的标准并不是价格，而是商品的价格高于其内在价值的部分。当我们购买的商品将给我们带来与我们付出的价格相比更大的收益时，我们会觉得这钱花得值。

　　这些和期权有什么关系呢？其实，每一份期权合约都有一个对应的价格，这个价格是期权本身的内在价值和一些额外价值的总和。在期权市场，这些额外价值就是时间价值。此前，我们提到了"时间就是金钱"。这句话用在期权上再恰当不过了。期权是一种有时间限制的金融工具。5 个月到期的期权合约要比 1 个月到期的期权合约贵是因为 5 个月到期的合约较 1 个月到期的合约更有可能赚钱。

　　无论你在什么时候购买期权合约，明确期权合约的内在价值和时间价值分别是多少是非常必要的。通过问自己这样一个问题就可以轻易地算清楚期权合约的内在价值：如果这些合约今天就到期的话，那么它们的价值是多少？将期权合约的内在价值从期权合约的价格中扣除，剩下的部分就是期权合约的时间价值。

下面我们来看两个例子。

例 1：

11 月中旬，XYZ 的股票价格为每股 89 美元。一份 12 月到期、执行价格为每股 85 美元的看涨期权合约给你提供这样一种权利：在未来大约 4 个星期内，在期权合约到期之前，你可以随时以每股 85 美元的价格购买 100 股 XYZ 股票。这份看涨期权合约的卖价为每股 4.5 美元。那么，这份合约的内在价值是多少？它的时间价值又是多少？

如果这份期权合约现在就到期，那么你可以执行合约的权利，即以每股 85 美元的价格购买 XYZ 股票。然后你可以按照当前每股 89 美元的市场价格将股票出售，获得每股 4 美元的利润。也就是说，这份 12 月到期、执行价格为 85 美元的看涨期权的内在价值为每股 4 美元，剩下的部分就是期权合约的时间价值。在这个例子中，这份期权合约的时间价值为每股 0.5（=4.5－4）美元。

将这份 12 月到期、执行价格为每股 85 美元、价格为每股 4.5 美元的看涨期权合约和 4 月到期、执行价格也为每股 85 美元、价格为每股 7.5 美元的看涨期权合约进行比较，可以看出这两份期权合约的内在价值都是 4 美元，但对于 4 月到期的期权合约来说，其时间价值就增加到了每股 3.5（=7.5－4）美元。这就说明了"时间就是金钱"，因为你需要为获得 5 个月时间的股票买卖权利付出每股 3.5 美元，而为今后 4 个星期时间的股票买卖权利所付出的价格只有每股 0.5 美元。

例 2：

我们再一次假设在 11 月中旬的时候 XYZ 股票的价格为每股 89 美元，此时一份 12 月到期、执行价格为 90 美元的看涨期权的价格为每股 1.5 美元，那么，这份期权合约的内在价值是多少？它的时间价值又是多少？

如果这份期权合约现在就到期，那么它就没有任何价值了。按照每股 90 美元的价格来购买 XYZ 股票的权利没有执行的必要，因为 XYZ 股票当前的市场价格仅为每股 89 美元。因此，这份 12 月到期、执行价格为 90 美元的看涨期权合约的内在价值为零，剩下的部分就是期权合约的时间价值。在这个例子里，期权合约的总价 1.5 美元都是时间价值。如果在今后的 4 个星期内，这份 12 月到期、执行价格为 90 美元的看涨期权合约到期之前，XYZ 的股票价格没有上升，那么这份期权合约的价值就会缩水至 0 美元。

现在我们重新来考虑这一章开始时提出的问题，什么样的期权合约才是便宜的？ XYZ 股票的 12 月到期、执行价格为 85 美元的看涨期权合约的价格为每股 4.5 美元，而 12 月到期、执行价格为 90 美元的看涨期权合约的价格仅为每股 1.5 美元。那么，我们能说这份 12 月到期、执行价格为 90 美元的看涨期权合约更便宜吗？如果我们仅仅考虑时间价值，那么这份 12 月到期、执行价格为 90 美元的看涨期权合约的时间价值是 12 月到期、执行价格为 85 美元的看涨期权合约的 3 倍（1.5 美元与 0.5 美元）。当然，如果 XYZ 股票的价格在期权合约 12 月到期之前的 4 周内就上升到 95 美元，那么你就可以从 12 月到期、执行价格为 90 美元的看涨期权合约中获得更加可观的利润，但是假如 XYZ 股票的价格在期权合约 12 月到期前仅为 91 美元，那么这份 12 月到期、执行价格为 90 美元的看涨期权合约的价值就仅有每股 1 美元，也就是说你净损失每股 0.5（=1 - 1.5）美元。将这份期权合约和 12 月到期、执行价格为 85 美元的看涨期权合约相比，后者的价格就为每股 6 美元，你可以从后者获得每股 1.5（=6 - 4.5）美元的利润。

现在，我们再次问这个同样的问题，什么样的期权才是便宜的？在这里，XYZ 股票的 4 月到期、执行价格为 85 美元的看涨期权合约的价格为每股 7.5 美元。而 12 月到期、执行价格为 85 美元的看涨期权合约的价格为每股 4.5 美元。那么，难道说 12 月到期、执行价格为 85 美元的看涨期权合约更加便宜吗？尽管 4 月到期的期权合约的时间价值比 12 月到期的期权合约要高（3.5 美元与 0.5 美元），但是请记住，在 12 月到期的期权合约到期之后，4 月到期的期权合约还有 4 个月的股票买卖权利。看起来为这 4 个月的时间支付的价格有些昂贵，但是你给自己提供了更多从 XYZ 股票的价格上升中获得收益的机会。当然，如果你对股票上涨时间的判断没有错误，XYZ 股票的价格在今后的 4 个星期内就出现上升，那么 12 月到期的期权合约就会比 4 月到期的期权合约带来更高的利润。但是假设 XYZ 股票的价格在 12 月到期的期权合约到期之前没有发生变化，而是在明年 1 月才开始出现上升的趋势，直到 3 月中旬才升到每股 95 美元，那么在这种情况下，12 月到期的期权合约就会产生每股 0.5 美元的损失。到 3 月中旬，在 XYZ 股票的价格上升到每股 95 美元的时候，4 月到期的看涨期权合约的价格可能会上升到每股 11 美元，你就可以从中获得每股 3.5（=11 - 7.5）美元的收益。

以上讨论的目的在于引发你对期权合约的内在价值和时间价值的思考。当你购买期权合约的时候，你总是需要为期权合约的时间价值支付一定的价格，这是逃不掉的。但是你要记住这样一个观点：购买期权合约的目的是要获得利润，因此股票价格的变化幅度必须要足够弥补部分或是全部的时间价值。以上的例子说明了价格低的期权合约并不总是划算的，因为它们不一定能带来良好的收益。

我们继续探讨在选择购买特定的看涨期权合约或者看跌期权合约的过程中需要形成的思维过程。我们假设你已经选择好了特定的股票，即你认为这只股票将会产生价格波动（无论是上升还是下降），为了从股票价格的预期波动中获得杠杆收益，你决定运用期权来达到目的。现在你需要做的就是确定用哪个期权合约才能产生最大的收益。

为了选择最好的期权合约，你需要考虑和分析各种不同的选择所带来的不同的结果。下面我们就以股票价格预期上升，因此决定购买看涨期权合约为例来说明如何选择看涨期权合约。最后，你可以进行类似的分析，在股票价格预期下跌的时候如何选择看跌期权合约。

我们将会用 3 个例子来说明如何选择看涨期权合约。在每一个例子里，我们都会分析各种不同的情况下所产生的不同结果，看是否符合我们的期望。虽然这 3 个例子无法覆盖现实中可能出现的所有情况，但是它们足以帮助你形成自己的分析能力。

选择看涨期权合约

当你对股票的价格有看涨的预期时，你会购买看涨期权合约。选择购买看涨期权合约而不是股票是因为期权会产生更大的杠杆收益。如果股票的价格上升 15%，那么期权合约可以轻易为你带来 100% 甚至更高的收益。

选择好目标股票之后，你需要选择购买适当的期权合约。选择适当的期权合约不像表面看起来那么简单。选择一种适当的期权合约需要考虑各种不同的可能性，包括各种到期日的选择，是选择当月到期还是选择在今后两年里的某个月份到期，有些股票和 ETF 也提供 8 天有效期的周度期权，只有在某些股票价格的波动迫在眉睫的情况下你才会考虑周度期权；你也需要考虑各种不同的执行价格，可以低于股票价格（实值期权），在股票价格附近（平值期权），或是高于股票价格（虚值期权）。

哪一种合约能产生最大的收益？为了回答这个问题，你必须能够判断出 XYZ 股票的价格在今后是如何向上运动的。股票价格在两个星期后是否会因为远好于此前预期的盈利公告而上涨 15%，或者这只是一只在未来一年内缓慢上涨 25% 的股票？当你考虑各种不同的看涨期权合约的时候，你需要考虑股票价格的上升幅度以及股票价格的上升时间。同时，如果股票价格没有产生预期的上升，那么你就要思考在股票价格到达什么价位时退出交易，以将期权交易损失限制在可控范围内。

通常的方法是：在你考虑购买特定的看涨期权合约时，首先要判断期权合约的价格有多大比例是时间价值。记住，当期权合约到期的时候，期权合约的时间价值会降到零。然后问自己这样一个问题："股票价格上升的幅度和速度是否可以抵消时间价值的损失，并产生合理的利润？"如果答案是肯定的，那么你就有充分的理由来购买这份期权合约了。

我们用下面的例子来说明这个常用的方法是如何运作的,这些例子里的某些价格是通过期权定价计算器计算出来的。

现在你认为 XYZ 股票的价格近期会很快上升,在 4 月初,XYZ 股票的价格为每股 67 美元。

例 3:

你正考虑购买 4 月到期、执行价格为 70 美元的、价格为每股 1.5 美元的看涨期权合约。这份期权合约看起来还是很便宜的,但是它真的值得购买吗?为了回答这个问题,下面我们来分析 XYZ 股票的价格需要发生什么样的变化,才能使对应的这份期权合约产生合理的收益。

这份 4 月到期、执行价格为 70 美元的看涨期权合约在两个多星期之后就要到期了。由于这是虚值期权,所以其每股 1.5 美元的价格都是时间价值。

如果 XYZ 股票的价格突然在 1 个星期之内飙升至每股 73 美元,那么期权合约的价格就为每股 3.7 美元(3 美元的内在价值和 0.7 美元的时间价值)。也就是说,每股 1.5 美元的投资带来了 2.2 美元的净收益,但这需要 XYZ 股票的价格在 1 周之内上升 9%。

如果 XYZ 股票只能在未来的 2 个星期内缓慢上升,并在期权合约到期之前达到每股 71.5 美元,则期权合约的价格就为 1.5 美元(这 1.5 美元都是期权合约的内在价值,时间价值为零)。在这种情况下,XYZ 股票的价格在 3 个星期之内上升了 7%,你在期权交易上盈亏平衡。

假如 XYZ 股票的价格在期权合约到期前的 1 个星期升至每股 68.5 美元,那么期权合约的价格就仅为 1 美元(这 1 美元全部都是时间价值），因为这是虚值期权，并且此时距离期权合约到期的时间只有 1 个星期。尽管股票的价格在缓慢上升，但是你在期权交易上却产生了每股 0.5 美元的损失，同时你也没有时间来弥补这个亏损了。

小结：这份 4 月到期的期权合约是便宜的，但是如果要从期权交易中获得良好的收益，那么股票价格就需要在期权交易开始之后立即产生急剧的上升，这不太现实，所以这笔交易具有很高的风险。

例 4：

此时你在考虑购买 5 月到期、执行价格为 65 美元的看涨期权合约，这份期权合约的价格为每股 4.2 美元。看起来这份期权合约要比 4 月到期、执行价格为 70 美元的期权合约贵，事实真的是这样的吗？下面我们来分析 XYZ 股票的价格需要发生什么样的变化，才能使对应的这份期权合约产生合理的收益。

这份 5 月到期、执行价格为 65 美元的期权合约将会在 7 个星期之后到期。由于这份期权是实值期权，内在价值为每股 2（=67 - 65）美元，因此，其时间价值为 2.2（=4.2 - 2）美元。和例 3 相比，我们在这份期权合约的时间价值上多付出了 0.7（=2.2 - 1.5）美元，但是我们却给期权合约产生合理的收益留下了更长的时间。

如果 XYZ 股票的价格能在未来的 5 ～ 6 个星期内上升 9%，达到每股 73 美元，那么这份期权合约的价值就可能为每股 8.6 美元（8 美元的内在价值和 0.6 美元的时间价值），也就是说，每股 4.2 美元的投资带来了 4.4 美元的净收益。尽管和例 3 相比，这份期权交易产生的收益并不高，但是这份 5 月到期、执行价格为 65 美元的期权合约给股票价格上升到每股 73 美元留下了更长的时间。

假如 XYZ 股票的价格在未来的 6 个星期内没有发生太大的变化，在 7 周后，期权合约到期前仅达到每股 71.5 美元，在这种情况下，期权合约的价值就为每股 6.5 美元（这 6.5 美元全部都是期权合约的内在价值，其时间价值为零）。在这种情况下，你可以获得每股 2.3（=6.5 − 4.2）美元的收益。而在例 3 中，XYZ 股票的价格在期权合约到期时达到每股 71.5 美元，却没有产生任何的收益。

假如 5 月到期、执行价格为 65 美元的期权合约在到期的时候，XYZ 股票的价格达到每股 69.2 美元，那么这份 5 月到期、执行价格为 65 美元的看涨期权合约的价值就为 4.2（=69.2 − 65）美元，你就可以实现盈亏平衡。

小结：尽管这份 5 月到期、执行价格为 65 美元的期权合约看上去比较贵，但是它有一些重要的优势。由于具有较晚的到期日，它为股票价格朝着预期的方向发生变动提供了更长的时间；由于这是一种实值期权，到期时盈亏平衡点的股票价格相对虚值期权更低。

例 5：

此时你在考虑购买 10 月到期、执行价格为 65 美元的看涨期权合约，这份期权合约的价格为每股 8.3 美元，这个价格几乎是例 4 所介绍的 5 月到期、执行价格为 65 美元的看涨期权合约价格的两倍，但记住，你拥有了更多的时间。下面我们来分析 XYZ 股票的价格需要发生什么样的变化，才能使对应的这份期权合约产生合理的收益。

这份 10 月到期、执行价格为 65 美元的看涨期权合约将会在 27 个星期之后到期。由于这份期权合约的执行价格和例 4 所介绍的期权合约的执行价格一样，都为每股 65 美元，因此其内在价值也为 2（=67 − 65）美元。

但是，这份 10 月到期的期权合约的时间价值却为 6.3（=8.3－2）美元。和例 4 相比，我们在这份期权合约的时间价值上多付出了 4.1（=6.3－2.2）美元，不过比起 5 月到期的期权合约，这给期权合约产生合理的收益留下了额外的 20 个星期。

如果 XYZ 股票的价格能在未来的 18 个星期之内（大约在 8 月中）上升 9%，达到每股 73 美元，那么这份期权合约的价值就为每股 11 美元（8 美元的内在价值和 3 美元的时间价值），也就是说，每股 8.3 美元的投资带来了 2.7 美元的净收益。尽管和例 3 或者例 4 相比，这份 10 月到期的期权合约的收益率并不高，但是比起 4 月或 5 月到期的期权，它给股票价格上升到每股 73 美元留下了更长的时间。

假如 XYZ 股票的价格在 10 月期权合约快要到期的时候上升了 20%，达到每股 80 美元，在这种情况下，期权合约的价值就为 15 美元（这 15 美元全部都是期权合约的内在价值，时间价值为零），也就是说，每股 8.3 美元的投资带来了 6.7 美元的净收益，收益率为 81%。在这种情况下，我们为 XYZ 股票的价格上升 20% 提供了将近 7 个月的时间，而在例 3 和例 4 所介绍的情形下，要在短得多的时间内使股票价格上升 20% 似乎有些不现实。

假如 XYZ 股票的价格在 9 月中的时候仅为每股 70 美元，那么这笔交易就接近盈亏平衡，此时你可以跟踪观察 XYZ 股票的价格在这 22 个星期里的变化。如果股票价格没有按照预期的方向变化，那么你就可以在没有损失的情况下选择退出交易。

小结：这份 10 月到期的期权合约的昂贵之处在于，它为股票价格朝着预期方向的变动提供了最长的时间，同时这还是一种实值期权。这份期权合约最大的优势在于它为股票价格朝着预期方向变动提供了许多时间。

总体评价

在 XYZ 股票的价格发生不同变化的情况下，例 3、例 4 和例 5 所介绍的期权合约都能产生最大的收益。

例 3 所介绍的期权合约要求你对股票价格上升的时间做出正确的判断，这种激进的交易策略只有在特定的情况下才能获得盈利。

例 4 所介绍的期权合约描述了选择实值期权以及其为股票价格朝着预期方向发生变动提供了更长时间的好处，这种策略没有例 3 那么激进。如果 XYZ 股票的价格每隔几个星期就在 10% ～ 15% 的区间波动，那么，这种策略就是最好的选择。

例 5 所介绍的期权合约为股票价格朝着预期方向发生变动提供了更长的时间。如果股票价格波动平缓，并在未来呈现缓慢的上升趋势，那么这种交易策略就是最好的选择。如果长期普通股预期证券（LEAPS）存在的话，那么，这将会是一个更昂贵的投资选择，因为它允许进行两年以上的期权交易。

选择看跌期权合约

当你购买看跌期权合约的时候，你对股票价格有一个看跌的预期。你选择购买看跌期权合约而不是出售股票，目的就是希望通过杠杆作用获得更大的收益。

以上的例子描述了选择看涨期权合约的思维过程，这种分析过程同样也适用于选择看跌期权合约。在购买看跌期权合约的时候也要考虑不同的执行价格，因为虚值期权意味着期权合约的执行价格低于股票价格，而实值期权意味着期权合约的执行价格高于股票价格。

如果将例 3 的看涨期权合约换成看跌期权合约，在类似的价格和收益中可以看到，在股票价格出现下降而不是上升的时候，则 4 月到期、执行价格为 65 美元的看跌期权合约也能产生同样的收益。

将例 4 和例 5 的看涨期权合约也相应地换成看跌期权合约，即 5 月到期、执行价格为 70 美元的看跌期权合约以及 10 月到期、执行价格为 70 美元的看跌期权合约，那么在股票价格出现下跌的情况下，其也会产生相似的结果。

第 3 章

进入和退出期权交易

通常情况下，期权交易成功与否深受期权交易时进出价格精细程度的影响。在股票上获得每股 0.1 美元的收益或损失并不是什么大不了的事情，但是这在期权交易上就大不一样了。假如你以每股 2 美元的价格购买了期权合约，随后又以每股 3 美元的价格将其出售，那么你就获得了每股 1 美元的收益，即 50% 的收益率。如果你能将购买期权合约的价格降低 0.1 美元到 1.9 美元，并将出售价格提高 0.1 美元到 3.1 美元，那么在这种情况下，你的收益就为每股 1.2 美元，收益率也就明显地提高到 63%。

在这里需要强调的是，在期权交易中，想办法获得更好的买入价格和卖出价格是非常值得的。让买入或卖出价格，哪怕只节省 0.1 美元，通常就足够支付进入和退出期权交易两边的经纪费用。

在开始这一章的讨论之前，我们来回顾一下关于期权合约价格的一些规则。

当前的股票与 ETF 是以十进制来表示价格的，并以 0.01 美元为单位发生变化。你可以在期权合约的价格上看到与之类似的报价变化，但不完全一致。价格在 3 美元以下的期权合约的最小价格变动单位可以是 0.01 美元，不过不总是有这样的期权。价格在 3 美元以上的期权价格最小变动单位通常是 0.05 美元，但也总有例外。某些成交量大的股票以及 ETF，它们对应的期权具备高流动性，即使这些期权的价格高于 3 美元，其最小价格变动单位也可能是 0.01 美元。

每个期权交易所都会为在交易所上市交易的股票期权和指数期权公布一个买方的出价（买入价，bid price）和卖方的出价（卖出价，ask price）。买入价是指交易者（或做市商）愿意支付的购买特定期权的最高每股价格，卖出价是指交易者（或做市商）愿意接受的购买某种期权的最低每股价格。大部分金融数据服务系统提供的期权合约价格都是从所有交易所中挑选出来的最优价格。

卖出价通常都会高于买入价，它们之间的差额叫买卖价差，或者简单点就叫价差。价差取决于期权的流动性，在期权合约的价格低于 3 美元的时候价差可能仅有 0.01 美元；而对于流动性较差、价格较高的期权合约来说，价差可能高达 1 美元。只要价差足够大，就一定有在买卖价之间撮合一个更优价格的可能性。当买卖价差超过买卖均价的 15% 时，我们需要检查其最近的交易量来判断是否有足够的流动性来支持我们交易。

买卖价差的大小基本由做市商控制，他们控制适当的价差以获得收益。做市商的目标是让一部分交易者按照做市商的卖出价来购买期权合约，同时让另一部分交易者按照做市商的买入价来出售同一种期权合约。多空头寸相互对冲后，做市商就可以从买卖价差中获得利润。如果价差只有 0.05 ～ 0.1 美元，看上去做市商可以获得的利润似乎并不多，但是反复进行大量的期权交易，他们可以获得的利润就很可观了。

在一个稳定的市场里，交易者对期权合约买卖的需求都很大，此时做市商对小幅度的买卖价差可以接受，因为他们可以多次反复进行价差交易获利，并轻易地匹配其多头与空头。在价格波动剧烈的情形下，交易者对期权合约买卖的需求不平衡或者对期权合约买卖的需求量不大，此时做市商需要维持较大的价差。在这种情况下，要匹配交易头寸就不是那么容易了，因此做市商需要利用更大的价差来抵消他们所承担的风险。

现在我们开始具体分析进入和退出期权交易是如何运作的。为了简便起见，我们主要介绍开始和结束期权多头交易，也就是说，首先"开仓交易"购买期权合约，然后"平仓交易"卖出期权。

进入交易

对于期权合约来说，"开仓"通常有两种方法。和购买股票类似，购买期权合约可以通过①市价单（market order）或者②限价单（limit order）这两种方式实现。

大部分期权交易者都不用市价单来进行开仓。因为在市价单的方式中，最好的情况也只是在卖出价买入，大多情况下你买入的价格会更糟。如果你同时对几份期权合约下单，那么在市价单的方式下你会发现，你的合约只有少数几份是按照当时的卖价来购买的，而剩下的合约只能按照被你的市价单推高后的价格来购买。

在期权合约的价格变化迅速的高波动市场中，你也许会认为自己只能通过市价单的方式才能成交。如果是这样的话，那么你就会将自己置于受做市商支配的地位，而在快速变化的市场下，做市商的市价单却有充分的成交余地。

因此，我们通常的原则是通过限价单来交易。在限价单的方式下，你可以选择自己认为合理的价格，并以这个价格下单购买期权合约。然而在这种方式下，你不能保证一定能够按照自己所选择的价格购买到期权合约。不过一旦成交，你的成交价至多是你的报价，也可能更低。下面我们来看几个例子，进一步解释说明在以限价单的方式进行期权交易的时候应该怎样选择恰当的交易价格。

例1A：

买入价 = 2.4 美元，卖出价 = 2.42 美元，这里的价格几乎没有询价的余地。价差 = 0.02 美元，这几乎是在期权合约的价格低于每股 3 美元的情况时的最小价差。需要注意的是，极小买卖价差只有在高流动性期权中才能看到。按限价单的方式以每股 2.42 美元的价格下单购买期权合约，很快就可以成交。

例2A：

买入价 = 2.4 美元，卖出价 = 2.6 美元，价差 = 0.2 美元，这里有询价的空间。你可以通过限价单的方式以每股买卖的中间价 2.5 美元的价格来购买期权合约。在大多数情况下实现这笔交易会比较困难，但是如果你将限价提高到 2.55 美元，你可能很快就能成交。

例3A：

买入价 = 4.1 美元，卖出价 = 4.4 美元，由于期权的交易价格高于 3 美元，最小价差可能略小于 0.05 美元。现在价差为 0.3 美元，也就是说还有询价的余地。通常情况下，你不可能按照限价单的方式以 4.2 美元的价格购买期权合约，因为你这是要求做市商放弃多于一半的价差。可行的方法是以 4.3 美元下限价单，这样就可以给做市商留下 0.2 美元的价差，你才可能成交。

例 4A：

买入价 = 8.5 美元，卖出价 = 9.1 美元，价差 = 0.6 美元，你或许认为这是一种深度实值（deep-in-the-money）期权，并且交易量很低。做市商对这种期权交易并不感兴趣，但是如果你坚持要购买这种期权合约，与此同时做市商也希望得到更好的价格，你必须要做好和做市商在价格上进行讨价还价的准备。

退出交易

退出期权交易，我们也称之为"平仓"。和期权开仓交易一样，你也可以选择以下任意一种方式：①市价单，②限价单。另外，这里还有两种方式值得考虑：③止损单（a stop loss order），④限价止损单（a stop limit order）。

除非出现极端的情况，例如要强制退出交易以避免高额损失，期权交易者是几乎不会使用市价单来退出期权交易的。值得注意的是，如果按照市价单交易，那么成交价不会高于该期权合约现在的买入价，而且这个价格可能相当低。

对于限价单这种方式来说，这种情形和进入期权交易类似。你可以选择自己认为合理的价格并使用限价单来出售期权合约，但是在这种方式下，你不能保证一定能够按照自己所选择的价格成交。如果成交了，成交价至少是你的报价，也可能更高。下面我们来重新看看例1A 至例 3A 这 3 个例子，以进一步说明在采用限价单的方式退出期权交易的时候应该怎样选择恰当的交易价格。

例 1B：

再次假设买入价 = 2.4 美元，卖出价 = 2.42 美元，这里几乎没有询价的余地。价差 = 0.02 美元，这几乎是在期权合约的价格低于 3 美元 / 股的情况下的最小价差。此时你以每股 2.4 美元的价格下了限价单，很快就可以成交。

例 2B：

买入价 = 2.4 美元，卖出价 = 2.6 美元。价差 0.2 美元，这里有一些询价的空间。你可以通过限价单的方式以每股买卖的中间价 2.5 美元的价格来卖出期权合约。实现这笔交易是很困难的，但是如果你将价格降低到 2.45 美元，你就可能很快成交。

例 3B：

买入价 = 4.1 美元，卖出价 = 4.4 美元，由于期权的交易价格高于 3 美元，则最小价差至少为 0.05 美元。现在价差为 0.3 美元，也就是说还有询价的余地。通常情况下，你不可能按照限价单的方式以 4.3 美元的价格卖出期权合约，因为你这是希望做市商放弃一半以上的价差。可行的方法是，以限价单的方式按照 4.2 美元的价格下单，这样就给做市商留下了 0.2 美元的价差，你才可能成交。

下面，我们讨论采用止损单的方式来出售期权合约。用这种下单方式，你要明确指出自己开始交易的触发价格（trigger price）。当期权合约以低于或者等于触发价格进行交易，或者其卖出价低于或等于触发价格的时候，止损单就被触发了。止损单被触发后就会变成卖出期权的市价单。就像直接市价单一样，其交易价格不会高于止损单触发后的市场买入价，这将会给交易者带来相当大的损失。大多数交易者会避免使用这种止损单。

最后，我们考虑用限价止损单的方式来出售期权合约。在这种方式下，你要明确指出自己开始交易的触发价格，同时你也要指出自己愿意出售期权多头的限定价格。和前面介绍的止损单方式一样，当期权合约以低于或等于触发价格进行交易，或者卖出价低于或等于触发价格的时候，限价止损单就被触发了。限价止损单与止损单的差别在于，在被触发后，限价止损单就变成了按照自己选择的价格出售期权合约的限价单。

采用限价止损单的方式进行交易是比较复杂的。你必须仔细地选择触发价格和限定价格，以便给自己的头寸提供最好的成交机会。如果你设定的限定价格和触发价格非常接近，那么你有可能在希望达成交易的时候却不能实现交易。下面我们再看一个例子。

例 1C：

你持有交易价格为 4 美元的看涨期权合约多头。你希望能够运用限价止损单的方式来保护自己的头寸，这样你就可以按照不低于 3.5 美元的价格将期权合约出售。如果你设定的触发价格为 3.6 美元，限定价格为 3.5 美元，那么我们来看看交易会怎么进行。当期权合约的卖出价 = 3.6 美元，买入价 = 3.4 美元时，因为卖出价达到了你的触发价格，按照

3.5 美元的价格出售期权合约的限价单就生效了。不幸的是，由于买入价格低于你的限定价格，你无法成交。

为了避免发生这种情况，当被触发时，触发价格与限定价格间的间距需要调整，以体现实际的买卖价差。在这个例子里，买卖价差 = 0.2 美元，触发价格可能需要设置为 3.7 美元。那么，当期权价格降低到卖出价 = 3.7 美元、买入价 = 3.5 美元的时候，你的限价止损单就可以生效执行了，并且你设定的限定价格和买入价相同。这为以 3.5 美元的价格出售期权合约提供了更好的机会。

| 第 4 章 |

希腊字母

当学习期权或是聆听期权交易者的谈话时，你经常可以听到一些希腊字母。他们说的 Delta、Theta、Gamma、Vega$^\ominus$和 Rho 到底是什么意思呢？他们是在说他们喜欢的大学男生或女生联谊会吗？

在期权交易中，这些希腊字母是描述当其他条件发生变化的时候，期权合约的价格是如何变化的表达方式。期权定价理论首次在特定的数学模型中引入以上的希腊字母来定义期权价格变动。这一章的目的就是概述这些避险参数以及介绍它们在期权交易中的作用。

Delta

避险参数中最基本，也是最有用的就是 Delta。只要稍微了解一点 Delta 是如何起作用的，你就立即可以成为一名更加出色的期权交易者。

$\ominus$　其实 Vega 并非希腊字母，但也衡量期权合约价格变动。

Delta：股票价格每变化 1 美元对应的期权合约价格的变动幅度。这个数据通常是用小数或者百分比来表示的。

计算看涨期权的 Delta

下面我们用一些例子来说明看涨期权合约的 Delta 是如何计算的。

例 1：

XYZ 股票的价格为每股 30 美元，其对应的一份 3 月到期、执行价格为 30 美元的看涨期权合约（还有 3 个星期就到期）的价格为每股 2 美元。假设 XYZ 股票的价格上升了 2 美元，达到每股 32 美元。通常这会导致此期权的价格也上升 1 美元，达到每股 3 美元。

现在我们来计算这份 3 月到期、执行价格为 30 美元的看涨期权合约的 Delta 值。当股票价格上升了 2 美元的时候，期权的价格也上升了 1 美元，因此，Delta 的值就是 1/2 = 0.5，或者是 50%。也就是说，Delta 值为 0.5 表示的是期权价格上升的幅度是股票价格的 50%。

这个例子说明了期权合约的一个重要特征，即平值期权（执行价格和股票价格几乎相同的期权）的 Delta 值在通常情况下大概是 0.5。

例 2：

XYZ 股票的价格为每股 30 美元，其对应的一份 3 月到期（还有 3 个星期就到期）、执行价格为 25 美元的看涨期权合约的价格为每股 6 美元。假设 XYZ 股票的价格上升了 2 美元，达到每股 32 美元，这可能会引起这份 3 月到期、执行价格为 25 美元的看涨期权合约的价格也随着上升 1.6 美元，达到每股 7.6 美元。

现在我们来计算这份 3 月到期、执行价格为 25 美元的看涨期权合约的 Delta 值。当股票价格上升了 2 美元的时候，期权合约的价格上升了 1.6 美元，因此，我们可以计算出 Delta 值为 1.6/2 = 0.8，或者是 80%。

这个例子说明了期权合约的另一个重要特征，即实值期权（执行价格低于股票价格的期权合约）的 Delta 值在通常情况下大于 0.5 且小于 1，深度实值期权的 Delta 值接近于 1。

例 3：

XYZ 股票的价格为每股 30 美元，其对应的一份 3 月到期（还有 3 个星期就到期）、执行价格为 35 美元的看涨期权合约的价格为每股 0.6 美元。假设 XYZ 股票的价格上升了 2 美元，达到每股 32 美元，这将导致这份 3 月到期、执行价格为 35 美元的看涨期权合约的价格也上升 0.2 美元，达到每股 0.8 美元。

现在我们来计算这份 3 月到期、执行价格为 35 美元的看涨期权合约的 Delta 值。当股票价格上升了 2 美元的时候，期权合约的价格上升 0.2 美元，因此，我们可以计算出 Delta 值为 0.2/2 = 0.1，或者是 10%。

这个例子说明了期权合约的第三个重要特征，即虚值期权（执行价格高于股票价格的期权合约）的 Delta 值在通常情况下小于 0.5。执行价格越是高于股票价格，则对应的虚值期权的 Delta 值也就越小。

上述例子中讲述的 Delta 值一般只适用于距离到期日还有一段时间的期权合约。即将要到期的实值期权的 Delta 值都接近 1，虚值期权的 Delta 值则接近 0。

Delta 的应用

现在我们继续分析以上讨论的 3 个例子，看看它们如何能够帮助我们进行期权交易。现在你认为 XYZ 股票的价格在未来的一段时间里将会上升，所以你想从股票价格的上升中获得收益，那么你会做出怎样的选择呢？

购买实值期权合约：如果你想让期权价格紧跟着股票价格上涨而上升，那么你需要购买 Delta 值高的期权合约。也就是说，要选择深度实值看涨期权合约。如果期权合约的 Delta 值为 0.8，则 XYZ 股票的价格每上升 1 美元，期权合约的价格就会上升 0.8 美元。这份 Delta 值为 0.8 的深度实值看涨期权合约的价格非常昂贵，但是它能捕捉股票价格的大部分上涨。

购买平值期权合约或者虚值期权合约：如果你指望股票价格在短时间内出现显著的变化，那么平值看涨期权合约和虚值看涨期权合约的价格就会产生更大幅度的变化。如果一份平值期权合约的 Delta 值为 0.5，XYZ 股票的价格每上升 2 美元，对应的期权合约的价格就会上升 1 美元；如果一份虚值期权合约的 Delta 值为 0.2，那么股票价格每上升 2 美元，则对应的期权合约的价格就会上升 0.4 美元。由于平值期权合约的价格相对便宜，虚值期权合约的价格更加低廉，因此这些期权合约将会产生更多的回报。

初步看来，由于高杠杆作用，似乎你会更加喜欢选择平值期权合约和虚值期权合约。问题的关键在于：对于杠杆作用，股票价格是否上升得足够高、足够快，以便你获得更高的收益率。假设当 3 月到期的期权合约在还有 3 个星期就要到期的时候，前面例 1、例 2 和例 3 所描述的交易真的发生了，同时，假设 XYZ 股票的价格直到期权合约到期前的最后 1 个星期才上升了 2 美元，达到每股 32 美元，在这种情况下，我们来看看上面的例子会产生什么样的结果。

例 1 后续

3 月到期、执行价格为 30 美元的看涨期权合约的价格全部都是时间价值，并且由于距离期权合约的到期时间只有 1 个星期，因此期权合约的价格下跌到每股 1 美元，此时 Delta 值可能仍然为 0.5。然而，XYZ 股票价格上升的 2 美元给期权合约的价格带来了 1 美元的提高，使期权合约的价格重新上升到每股 2 美元，达到盈亏平衡。

例 2 后续

3 月到期、执行价格为 25 美元的看涨期权合约的价格中只有 1（=25 + 6 - 30）美元是时间价值，因此期权合约的价格会下跌到每股 5.4 美元。Delta 值仍为 0.8。随后，XYZ 股票价格上升的 2 美元给期权合约的价格带来了 1.6 美元的提高，使期权价格上升到每股 7 美元，实现了每股 1 美元的净利润。

例 3 后续

3 月到期、执行价格为 35 美元的看涨期权合约的价格全部都是时间价值，并且由于距离到期时间只有 1 个星期且期权合约处于深度虚值状态，因此期权合约的价格下跌到每股 0.15 美元，Delta 值仍为 0.1。随后，XYZ 股票价格上升的 2 美元给期权合约的价格带来 0.2 美元的提高，使期权合约的价格上升到每股 0.35 美元，最终导致了每股 0.25 美元的净损失。

通过这些例子，你从 Delta 中学到了什么？

在考虑购买看涨期权合约的时候，你需要为期权的 Delta 进行合理的估值。你不需要知道精确的 Delta 值，你只需要判断标的股票的价格在实际中能上升多少。为了给期权合约合理地估价，首先将股票价格的变化乘以 Delta（估计值），看看期权合约的价格能上升到多少。将上述的计算结果加入到期权合约的购买价格中，同时允许期权合约中存在时间价值的损失。如果这个估价包含了合理的利润，那么你就有充足的理由来购买这份期权合约。

期权合约的 Delta 值并不是固定的。当股票价格发生剧烈变化的时候，期权合约的 Delta 值也会发生变化。在例 1 中，如果 XYZ 股票的价格上升到每股 35 美元，那么原来的 3 月到期、执行价格为 30 美元的看涨期权合约就不再是平值期权了，它将变成实值期权，并且其 Delta 值也将变得更大。这是对你有利的，因为随着股票价格的提高，期权合约的价格的变化也会更多地反映股票上涨的收益。

计算看跌期权的 Delta

看涨期权合约的 Delta 值和看跌期权合约的 Delta 值的区别在于看跌期权多头的 Delta 值一般都是负值，这是因为股票价格的上升会导致看跌期权价格的下降。和看涨期权类似，平值看跌期权的 Delta 值一般为 -0.5，实值看跌期权的 Delta 值一般在 $-1 \sim -0.5$，而虚值看跌期权的 Delta 值一般在 $-0.5 \sim 0$。

Theta

另一个最常见的希腊字母就是 Theta，它给出了期权合约的时间价值损失的快慢程度。

Theta：每单位时间（通常为 1 天）内期权合约的价格流失程度。

无论是看涨期权还是看跌期权，其 Theta 值通常都是负的，因为期权合约的价值会随着时间的流逝而流失。用期权的术语来说，期权合约的时间价值损失也称为 Theta 衰减（Theta decay）。

作为一个概述，平值期权的时间价值损失的大小和期权合约从计算之日至到期之日的时间长度的平方根成反比。例如，一份还有 40 天就要期的期权合约和还有 160 天要到期的期权合约相比，其时间价值的损失速度是后者的 2（=$\sqrt{160/40}$）倍；一份还有 10 天就要到期的期权合约和还有 360 天要到期的期权合约相比，其时间价值的损失速度是后者的 6（=$\sqrt{360/10}$）倍。

Theta 衰减是对期权的买方不利的。当你买入一份看涨或看跌期权时，你希望价格要快速地向你预想的方向走。如果价格变化速度慢的话，时间价值的损失或许比价格变化带来的盈利更多。

一些交易者从来不愿意持有距离到期时间不到 2 个星期的平值期权合约，因为期权合约的时间价值衰减速度太快。对于虚值期权合约来说，情况会更加糟糕。

Theta 衰减对期权的卖方是有利的。当你卖出一份看涨或看跌期权时，买方的期权费就会进入你的经纪账户，当到期日股票价格的走势令期权变得毫无价值时，你收到的期权费就落袋为安了。

一个简单估算 Theta 值的方法就是将具有相同执行价格、不同到期时间的期权合约进行比较。例如，假设还有 4 个月到期的平值期权合约的价格为每股 4.3 美元，而具有相同执行价格的还有 2 个月到期的平值期权合约的价格为每股 2.5 美元，也就是说，如果未来 60 天内股票价格不发生变动，那么期权合约的价值就会损失每股 1.8 美元，换算成 Theta 值大约为每天 −0.03（=−1.8/60）美元。这看上去并不多，直到你意识到在未来 2 个月里将会带来累计 42% 的损失。

Gamma

Gamma：股票价格每变化 1 美元对应的 Delta 值的变化幅度。

我们曾提到过，期权的 Delta 并不是一个固定的数值。如果你有一份 Delta 值为 0.5 的平值看涨期权，当股票价格上涨 2 美元时，期权的价格就会上升 1 美元。这么做的好处还包括，你的看涨期权此时变成了 Delta 值为 0.65 的实值期权，这意味着如果股票的价格再上涨 2 美元，你的期权价格会上涨 1.3 美元。这揭示了 Gamma 是如何对期权持有方起作用的。

当 Delta 值对股票价格的变化特别敏感的时候，Gamma 就会显得特别重要，这种情况就称为 Gamma 风险（Gamma risk）。当期权合约快要到期的时候，Gamma 就会变得特别重要。

随着期权合约到期时间的来临，实值期权和虚值期权的 Delta 值就会发生歪曲。所有实值期权的 Delta 值都接近 1，而虚值期权的 Delta 值都接近 0。因此，股票价格的小幅度增加，从略低于执行价格涨到略高于执行价格，就会引起期权合约的 Delta 值从接近 0 的数值变化到接近 1，这就会产生巨大的 Gamma 值。在这种情况下，风险是相当大的，因为股票价格的小幅度下降就会使原本有利润可图的看涨期权合约变得毫无价值。这种现象通常被称为 Gamma 风险。

Vega

Vega：在股票价格波动率发生单位变化时，期权合约价格的变动幅度。

Vega 描述了期权合约自身的波动性。正如股票价格不停地波动一样，期权合约的价格也是一直处于波动状态的。尽管期权合约的价格波动和股票价格的波动并不是简单的相关，不过价格波动比较剧烈的股票通常都会使对应的期权合约的价格比较高。相对较高的价格也就意味着期权的时间价值上升了，因为具有较高波动性的股票通常会更快达到新的价格，期权买方需要为获取波动而付出更高的成本。

这里要说明的是，每种期权合约都会因其特有的价格走势而具有不同的衡量其标的价格波动性的方法。用期权的术语来说就是，这种个别的波动性就叫隐含波动率（implied volatility）。隐含波动率的确定方法我们会在第 29 章"隐含波动率和布莱克－斯科尔斯公式"中讲述。

无论是何种原因，在股票价格发生剧烈变化时，Vega 的重要性就得以体现。当坊间传言说股票可能会被收购的时候，对应的期权合约的价格也会很快被抬高。在这种情况下，即使股票价格没有发生太大的变化，但是期权合约的价格还是呈现显著的上升，这就会提高 Vega 值。

Rho

Rho： 无风险利率（美国国库券的利率）每增加一个单位对应的期权合约的价格变化幅度。

对于看涨期权合约来说，Rho 的值为正，对于看跌期权合约来说，Rho 的值为负。

由于利率水平很多年处在相对低位，因此利率对期权合约的价格影响也就比较轻微。

第 5 章

风险示意图

古语云："百闻不如一见。"对于期权交易这句话同样适用。由于期权合约的价格取决于多种因素，不用图形很难描述出各种情况下期权合约的价格变化。用来跟踪期权交易的图叫风险示意图。

为了跟踪特定期权合约的价格变动，这里需要明确两个最重要的因素：一个是标的股票的价格，另一个是距离期权合约到期的时间。风险示意图提供了一种可视化的方式来描述期权合约的损益是如何受股票价格和时间变化的影响的。

风险示意图将作为描述期权交易的补充工具贯穿全书。这些图是由基于布莱克－斯科尔斯期权定价公式的特殊计算器生成的，我们会在第29章"隐含波动率和布莱克－斯科尔斯公式"中进行详细的讨论。在这里，你没有必要弄清楚这些工具是如何进行计算的，你只需要接受这样一个观点，即布莱克－斯科尔斯公式能够准确计算出期权的价格和相关的参数。

通常情况下，风险示意图是股票价格和期权损益的二维图形。本书采用了现代通用的方式，即图形的纵轴表示的是股票价格，横轴表示的是期权损益（旧版本的图形采用的是纵轴表示期权损益，横轴表示股票价格）。

在风险示意图中，横坐标是期权损益而非期权价格。其原因在于，风险示意图经常包含很多期权合约，用损益能更好地看出，标的物价格如何变动，期权才能获得利润。而且这样一来，观察者能更加容易地看出股票价格在什么范围内变动期权交易才能获得一定的利润。

在风险示意图中我们通常用四条时间线来表示时间进程对期权损益的影响。其中一条时间曲线代表当前期权交易的损益状况；另一条时间曲线表示期权合约到期时既定的收益或损失；其余两条时间曲线表示期权合约从当前至到期之间的损益情况。

单一期权交易

图 5-1 给出了单只看涨期权交易的风险示意图。

例 1：

这个例子是第 2 章 "期权选择" 中的例 3。我们用一张风险示意图来展示例子中所示的结果是如何形成的。

你认为 XYZ 股票的价格会在近期上涨。4 月初，XYZ 股票的价格为每股 67 美元。

你购买了一份 4 月到期、执行价格为 70 美元的看涨期权合约，这份合约的价格为每股 1.5 美元。

图 5-1 给出了上面所给特定期权的风险示意图,即描绘了买进一份还有 17 天到期的标的为 XYZ 股票的 4 月到期、执行价格为 70 美元的看涨期权合约。

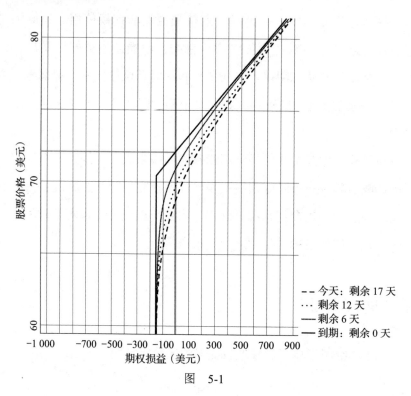

图 5-1

在图 5-1 中,XYZ 股票的价格标在纵轴,横轴代表了持有期权的损益情况。横轴的零点左、右分别是期权的损失、收益部分。标志着"今天:剩余 17 天"的时间曲线代表了期权合约初始交易时的损益状况;标志着"到期:剩余 0 天"的时间曲线代表了期权合约到期时的损益状况;标志着"剩余 12 天"和"剩余 6 天"的两条时间曲线则代表了其间所对应的损益状况。

这个期权看上去很便宜,但是它是否值得这个价钱呢?我们需要了解在何种情况下，此期权会得到利润。

这份 4 月到期、执行价格为 70 美元的看涨期权合约还有 2 个多星期就到期了。由于这是虚值期权，这 1.5 美元的价格表示的都是时间价值。

如果 XYZ 股票的价格在 1 个星期之内攀升至 73 美元，那么期权合约的价值将变为 3.7 美元（3 美元的内在价值和 0.7 美元的时间价值）。也就是说，每股 1.5 美元的投资获得了 2.2 美元的净利润，但是，这就要求股票价格在 1 周之内上升 9%。

在风险示意图中，使股票价格线水平上移至 73 美元，则其就会在"剩余 6 天"和"剩余 12 天"的时间曲线之间形成一个交点，代表"剩余 10 天"，将交点向横轴投影，其在横轴上的读数表示这笔交易的利润大约为 220 美元。由于这笔交易只包含了一份以 150 美元购买的 4 月到期、执行价格为 70 美元的看涨期权合约，这就意味着这份期权合约的价格为每股 3.7 [= （150 + 220）/100] 美元。

如果 XYZ 股票在接下来的 2 个星期之内，在期权合约到期之前只是缓慢上升到每股 71.5 美元，那么期权合约的价格就为每股 1.5 美元（这 1.5 美元全部都是内在价值，期权合约在到期时的时间价值为 0）。在这种情况下，XYZ 股票在 3 周内上升了 7%，但是期权交易只是实现了盈亏平衡。

在风险示意图 5-1 中，到期时间线在股票价格为 71.5 美元时穿越了零利润轴。

假设 XYZ 股票的价格在最后 1 个星期内徘徊在 68.5 美元左右，那么期权合约的价格就仅为每股 1 美元（全部都是时间价值）。因为这是虚值期权，并且距离到期时间只有 1 个星期了。在这种情况下，

尽管股票价格是缓慢上升的，但是你在期权交易上还是会损失每股
0.5 美元，因为没有时间可以让期权交易获得利润了。

这种情况表现在风险示意图上，即将股票价格线水平移动到 68.5
美元，和剩余 6 天的时间曲线相交。将交点向横轴投影，其在横轴上
的读数表示这笔交易的损失大约为 50 美元，这就暗示着这份期权合
约的价格为每股 1〔=（150 − 50）/ 100〕美元。

多只期权交易

下面，我们来分析两种期权的交易：一种是还有几个月才到期的
看涨期权多头，另一种是最近一两个月就要到期的看涨期权空头。这
两种期权合约的执行价格相同。这种类型的期权交易叫作日历价差期
权（calendar spread）。

例 2：

这种日历价差期权将会在第 12 章"日历价差期权"中讲述，我们
在此只是看看它的风险示意图以及了解如何读懂风险示意图。

XYZ 股票的价格预计在未来的几个月内会围绕每股 35 美元窄幅波
动。5 月初，XYZ 股票的价格为 34.7 美元，你进行了以下交易。你以每
股 3.5 美元的价格购买了 11 月到期、执行价格为 35 美元的看涨期权合
约，同时又以每股 1.3 美元的价格出售了一份 6 月到期、执行价格为 35
美元的看涨期权合约。在这笔交易中，你的净成本和最大的风险是 220
〔=（3.5 − 1.3）×100〕美元。

图 5-2 是此日历价差期权的风险示意图。

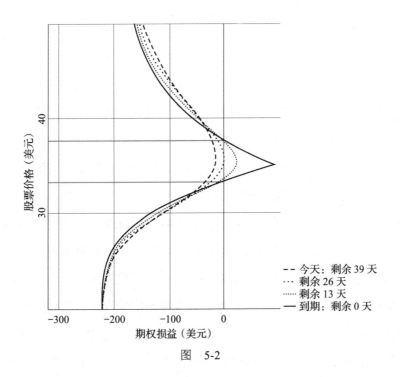

图　5-2

在图 5-2 中，我们注意到交易的当天离到期日还有 39 天，这意味着 6 月到期的期权在 39 天后到期。之后 11 月到期的期权还要经历 150 天才到期。这说明了风险示意图的一个重要特征，风险示意图仅在图中最早到期期权到期前有效。为了描述最早到期期权到期后的情形，我们需要画新的风险示意图。

从图 5-2 中可以很容易地看到，当 6 月到期、执行价格为 35 美元的看涨期权合约到期时，我们希望 XYZ 股票要达到的价格。6 月到期的期权合约的到期时间曲线和零利润点的轴线产生了两个交点，其对应的股票价格分别是 33 美元和 38 美元。因此，如果 XYZ 股票价格在 33 ～ 38 美元，这个日历价差期权交易就可以产生利润。当股票价格为 35 美元的时候，这笔交易能产生最大利润，即 90 美元。

小结

即便如例 1 中的单只期权交易，风险示意图也可以为如何退出交易提供支持。从图中我们可以知道，在何时，标的物价格上涨到什么程度时，期权可以获利。这对期权交易来说是非常关键的信息。

对于多只期权交易来说，由于各种期权合约拥有不同的到期时间，因此利用风险示意图可以比利用其他方式更加有效地提供决策信息。如例 2 所示，当股票价格在 33 ～ 38 美元这个区间的时候，如果不采用风险示意图，那么在这个价格区间的利润就很难确定。

注意在这两个例子中，在初始交易的时候股票价格对应的初始交易时间曲线所示的损益情况总是出现在零点的偏左方，也就是说，只要开始进行期权交易就会产生一小部分的损失，这就是所谓的"滑点"（slippage）。这是从期权合约的买卖价差中产生的，期权合约的买卖价差我们在第 3 章"进入和退出期权交易"中已经介绍过。

风险示意图是可以调整的，它也可以用其他影响期权合约价格的因素来表示期权交易的损益情况，最常见的就是使用期权价格的波动率。

第 6 章

长期普通股预期证券和周度期权

对于那些可以使用期权进行交易的股票和 ETF 基金，投资者可以在多种月度期权（monthly options）之间进行选择。这些月度期权均在特定月份的第三个星期五到期。到期月份包括当前月份、下一相邻月份和一些附加月份。

作为对月度期权的补充，一些股票和 ETF 基金具有在未来 12～27 个月到期的期权。这些期权被称为长期普通股预期证券（LEAPS），它是 Long-term Equity Anticipation Securities 的缩写，也可简称为长期期权。大多数长期期权是在指定到期年份的 1 月的第三个星期五到期。这些长期期权同到期日较近的月度期权一样也都包括看涨期权和看跌期权。当然这些长期期权相对来讲价格更高，因为它们具有更久的存续期。与以上时间跨度相反，目前一些股票和 ETF 基金拥有周度期权（weekly options）。这些周度期权包括存续期只有几天至几周的看涨期权和看跌期权。它们通常是在月度期权第三个周五到期日之前的所有的星期五到期。这些周度期权被赋予了短暂的存续期，所以它们相对来讲并不昂贵且它们的时间价值衰减得很快。

长期期权和周度期权有多种使用的方法。我们会在这一章讨论这些期权的一部分使用方法，并指出它们各自的优缺点。

长期期权

为了阐述使用长期期权看涨期权可以作为股票替代品的概念，我们来看一个对比看涨期权和股票损益表现的例子。

2019年12月初，XYZ股票的交易价格接近98美元/股。如果你买了100股此种股票，那么成本为9800美元。假设作为购买股票的替代品，你购买了大约在25个月后到期的长期看涨期权合约。

交易：以每股11.5美元的价格购买2022年1月到期、执行价格为100美元的看涨期权合约。

成本 = 1150美元。

最大风险 = 1150美元。

图6-1描绘了这笔交易的风险示意图。

在未来两年多的时间里，也就是直到2022年1月的第三个周五之前，你可以通过支付仅占购买股票所需成本12%的期权成本，参与100股XYZ股票的价格变动带来的行情。这听起来是笔不错的交易，而且在适当的条件下这笔交易会带来丰厚的收益。但是在某些情况下使用长期看涨期权代替股票并没有益处。

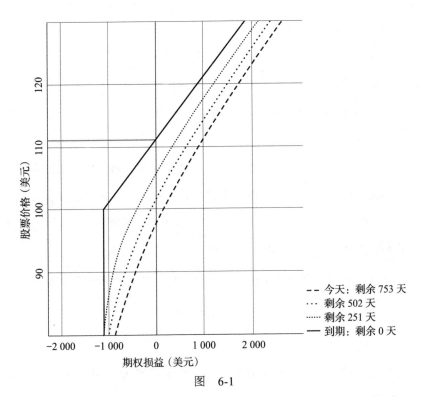

图　6-1

现在我们来预测一下在 8 个月和 17 个月后可能得到的结果。

场景 1： 8 个月后

XYZ 股票价格为每股 120 美元，即股票价格上涨 22%。2022 年 1 月到期、执行价格为 100 美元的看涨期权将获得约 1400 美元的利润，即获得 122% 的收益。这充分说明了长期期权的杠杆作用。

XYZ 股票价格为每股 110 美元，即股票价格上涨 12%。2022 年 1 月到期、执行价格为 100 美元的看涨期权将获得约 600 美元的利润，即获得 52% 的收益。长期看涨期权依然提供了理想的收益。

XYZ 股票价格为每股 104 美元，即股票价格上涨 6%。2022 年 1 月到期、执行价格为 100 美元的看涨期权将获得约 90 美元的利润，即获得

8% 的收益。长期看涨期权略优于购买股票。

XYZ 股票价格为每股 100 美元，即股票价格上涨 2%。2022 年 1 月到期、执行价格为 100 美元的看涨期权将产生约 100 美元的损失，即价值下跌 9%。这说明长期看涨期权在度过了它存续期的头 8 个月后损失了一部分时间价值。

XYZ 股票价格为每股 95 美元，即股票价格下跌 3%。2022 年 1 月到期、执行价格为 100 美元的看涨期权将产生约 500 美元的损失，即价值下跌 43%。因为股票价格明显低于期权的执行价格，长期看涨期权的价值遭受了更加严重的损失。

你可以通过观察图 6-1 中代表剩余 502 天的曲线来理解场景 1 中的各种结果。

场景 2： 17 个月后

XYZ 股票价格为每股 120 美元，即股票价格上涨 22%。2022 年 1 月到期、执行价格为 100 美元的看涨期权将获得约 1200 美元的利润，即获得 104% 的收益。长期看涨期权在 17 个月后仍可获得优异的收益。

XYZ 股票价格为每股 110 美元，即股票价格上涨 12%。2022 年 1 月到期、执行价格为 100 美元的看涨期权将获得约 400 美元的利润，即获得 35% 的收益。长期看涨期权再次获得了更好的收益。

XYZ 股票价格为每股 105 美元，即股票价格上涨 7%。2022 年 1 月到期、执行价格为 100 美元的看涨期权处于接近盈亏平衡的状态。在 17 个月后，长期看涨期权在时间价值上遭受的损失抵消了其内在价值的小幅收益。

XYZ 股票价格为每股 100 美元，即股票价格上涨 2%。2022 年 1 月到期、执行价格为 100 美元的看涨期权将产生约 300 美元的损失，即价值下跌 26%。期权经过额外 9 个月时间的衰减使得期权价值的损失从 9% 增加到 26%。

XYZ 股票价格为每股 95 美元，即股票价格下跌 3%。2022 年 1 月到期、执行价格为 100 美元的看涨期权将产生约 700 美元的损失，即价值下跌 61%。经历 17 个月后，尽管期权的存续期仍剩余 8 个月，但股票价格的小幅下跌导致了长期看涨期权价值的大幅损失。

你可以通过观察图 6-1 中代表剩余 251 天的曲线来理解场景 2 中的各种结果。

从上述例子中我们可以总结出以下经验：长期看涨期权的损益表现同持有股票相比存在很大的差异。如果股票表现良好，长期看涨期权将大幅提高收益。但是，如果股票价格在长期期权存续期的 1/2 到 2/3 这段时间内小幅上涨或者小幅下跌，看涨期权将会表现很差。即使持有股票获得小幅收益，期权仍可能遭受损失。同样地，即使股票价格小幅下跌，期权仍然会遭受重大的损失。

上述的例子并没有关于当股票价格在 8 个月或者 17 个月之后大幅下跌的情况下期权收益情况的说明。这里我们假设不论是股票还是期权的投资者，他们都会采用适当的止损操作来缓解可能造成巨额损失的状况。值得明确的是，如果股票价格发生崩盘，那么 100 股股票所产生的损失金额将远超 1 份长期看涨期权所带来的损失。

我们来看一些实际操作的结果，作为对比长期看涨期权和股票损益表现更直观的解释。在 2004 年 1 月 15 日，购买一组包括 10 只股票的长期看涨期权，这组期权将于 2005 年 1 月到期。这 10 只股票的长期看涨期权组成了一个多样化的投资组合。这个投资组合将会被跟踪一年的时间，而买入期权的成本仅相当于持有股票组合成本的一小部分。当 2004 年 12 月 28 日所有交易都已平仓时，这个期权交易组合的净收益为 121%。下面选取了这 10 笔股票期权交易中 2 笔的交易结果，用以说明盈利的情况和非盈利的情况。

霍顿公司（DHI）：2004 年 1 月 15 日股票价格为 26 美元，此时购买 2005 年 1 月到期、执行价格为 30 美元的看涨期权的价格为每股 2.8 美元。在 2004 年 3 月 3 日，DHI 的股票价格为 33 美元，获得了 27% 的收益。此时长期看涨期权的价格为 5.8 美元，获得了 108% 的收益。到了 2004 年 12 月 28 日，DHI 的股票价格接近 40 美元，收益率为 54%。此时长期看涨期权的价格为 9.6 美元，收益率为 243%。

威瑞森通信（VZ）：2004 年 1 月 15 日股票价格为 37 美元，此时购买 2005 年 1 月到期、执行价格为 40 美元的看涨期权的价格为每股 1.7 美元。当这笔交易在 2004 年 12 月 28 日平仓时，VZ 的股票价格接近 41 美元，获得了 11% 的收益。长期看涨期权的价格为 1.2 美元，期权价格下跌带来 29% 的损失。

使用长期看涨期权的另一个交易策略包括卖出即期月份期权合约获得权利金，同时买入长期看涨期权。这种交易策略与持保看涨期权（covered calls）相类似，我们将在第 14 章 "持保看涨期权"介绍这种策略。在前面的例子里，假设持有 2022 年 1 月到期、执行价格为 100 美元的 XYZ 公司股票看涨期权，你可以先以每股 0.5 美元的价格卖出 2020 年 2 月到期、执行价格为 105 美元的看涨期权。这可以为你的经纪账户带来 50 美元的现金收入。如果每月重复这种交易，那么在 12 个月的期间内，此交易可能产生 600 美元的收入。这种交易策略可以显著地抵消掉场景 2 中所描述的风险。当然，受卖出看涨期权的影响，此交易策略也会限制股票价格上涨所带来的收益。

同时使用长期看涨期权和长期看跌期权组成的交易策略被称为标准的双限期权交易策略（collar trade strategy）。我们将在第 18 章 "双限期权交易" 和第 19 章 "高级双限期权交易" 进行更详细的介绍。

分红

下面将介绍在使用长期看涨期权代替股票进行投资交易时分红所受的影响。不同于股票的持有者，长期看涨期权的持有者不能获得企业分发的红利。当你对比长期看涨期权和股票的损益表现时一定要考虑到这一点。在前文 XYZ 公司的例子中，如果股票分红的年化收益率少于 1%，那么在对比长期看涨期权和股票投资的损益表现时，分红并不会带来明显的影响。如果 XYZ 公司股票分红的年化收益率为 6%，那么这对这两种投资策略损益的对比有非常明显的影响。

周度期权

考虑到产品存续期的长度，周度期权（weekly options）只适用于作为期权标的的股票或 ETF 基金的短期走势已经被审慎预测的前提下。如果标的物价格并没有快速地向预期的方向发展，投资者可能因此承担重大损失。

在周度期权数天至数周的存续期限内，期权的时间价值部分会快速地衰减。一定要记住，周度期权的存续期包含一个甚至数个周末，此时市场是休市的。但是即使市场休市，期权的时间价值仍将持续地衰减。如果你在周四购买 8 天后到期的周度期权，那么要做好在下周一市场再次开盘时期权时间价值大量损失的准备。

当你持有的股票将要发布它的财务报表时，很可能出现值得应用周度期权的交易机会。下面我们用一个例子来说明周度期权的使用。

目前你持有 100 股价格为每股 63 美元的 XYZ 股票。这家公司计划将会在星期五早上开盘前公布财务报表。你认为即将公布的财务报表可能会对股票价格产生负面的影响，所以考虑卖出股票。下面通过用一组交易场景来说明如何使用周度期权来对冲财务报表业绩较差所带来的股票价格下跌的风险。

场景 1：在星期四，公布报表的前一天，你买了一份执行价格为 62.5 美元的 XYZ 公司股票周度看跌期权。这份期权将会于下一交易日收盘时到期。看跌期权的成本为每股 0.25 美元，这相当于为了顺利度过财务报表公布期而买入一份廉价的一天期保险。假设 XYZ 的财务报表业绩并不出众，其股票第二天开盘价为 60 美元，那么执行价格为 62.5 美元的看跌期权至少价值每股 2.5 美元。这时你有两种交易选择：①卖出看跌期权，获得每股 2.25 美元的利润，因为股票下跌带来的大多数损失已经被看跌期权的利润所抵消，这使得你可以继续持有股票；②执行看跌期权，这样你可以将手中持有的股票以每股 62.5 美元的价格卖出。

　　场景 2：在星期四，公布报表的前一天，你买了一份执行价格为 62.5 美元的 XYZ 公司股票周度看跌期权。这份期权将会于本周五之后的一周内到期。此时存续期为 9 天的看跌期权的成本为每股 0.45 美元。为了冲抵一部分成本，你卖出一份同上述看跌期权到期日相同、执行价格为 65 美元的 XYZ 公司股票看涨期权。卖出看涨期权可以带来每股 0.25 美元的收入，这将使买入看跌期权的成本减少至每股 0.2 美元，并且这个操作还能够保证你可以在财务报表发布后有一周时间来决定如何处置你持有的股票。假设 XYZ 的财务报表业绩并不出色，其股票第二天开盘价为 60 美元。现在你就有一周的时间来观察股票价格会恢复上涨还是继续下跌。你可以再次选择是卖出看跌期权获取利润，还是执行看跌期权来将你持有的股票以 62.5 美元的价格折现卖出。场景 2 中还有另外一种结果你必须关注。假设 XYZ 公司的财务报表业绩优异，其股票价格上涨至 65 美元甚至更高。如果 XYZ 公司的股票价格在期权到期时仍高于 65 美元，那么你持有的股票将以每股 65 美元的价格卖出，除非你选择买回看涨期权平仓。在场景 2 中值得注意的一点是，你要做好有可能以看涨期权执行价格卖出股票的准备。

　　和价差交易相关的周度期权的使用将会在第 13 章"高级日历价差期权"、第 14 章"持保看涨期权"和第 19 章"高级双限期权交易"中进行详细的讨论。

第 7 章

履约焦虑

期权交易开始时，交易者通常会为已出售的期权可能被要求履约而焦虑。本章的目的就是减轻期权交易者在期权交易中这方面的焦虑。

在本章中，我们并不会假设你持有看涨或看跌期权的裸空头。如果你持有期权裸空头的话，此时确实会焦虑，因为那确实是把自己暴露在风险之中。只有经验丰富的期权交易者才会冒险卖出期权裸空头。我们会在第 20 章"裸期权立权"和第 21 章"股票替代品"中讲述这些问题。

所以我们在这里假定你持有期权空头的同时，手中也有股票的多头或期权的多头来保护。得益于股票或期权的头寸，在期权执行所带来的风险敞口上你可能仅有有限的损失，甚至可能带来利润，这取决于期权执行时的情形。本章将用一系列的例子来帮助你理清期权执行的各种可能状况。

我们先来看一些在期权交易早期履约的典型情况（也就是期权到

期前被要求履约）。

指导原则 1： 如果卖出的期权是虚值期权，你根本不用担心收到期权履约申请。

为说明这个问题，考虑如下例子。

例 1：

11 月初，XYZ 股票的价格为每股 38 美元，你卖出了一份 11 月到期、执行价格为 40 美元的看涨期权合约，那些希望持有 XYZ 股票的交易者不愿意执行以每股 40 美元的价格从你这里购买股票的权利，因为他们可以在市场上以每股 38 美元的价格购买到 XYZ 股票。

例 2：

11 月初，XYZ 股票的价格为每股 38 美元，你卖出了一份 11 月到期、执行价格为 35 美元的看跌期权合约，那些希望卖出 XYZ 股票的交易者不愿意执行以每股 35 美元的价格出售股票给你的权利，因为他们可以在市场上以每股 38 美元的价格出售 XYZ 股票。

指导原则 2： 如果是实值期权，只要期权合约的价格中包含着足够的时间价值，那么你也不需要提早承担履约义务。

为说明这个问题，考虑如下例子。

例 3：

11 月初，XYZ 股票的价格为每股 41 美元，你以每股 2 美元的价格卖出了一份 11 月到期、执行价格为 40 美元的看涨期权合约。当期权合约的价格中包含 1 [=2 -（41 - 40）] 美元的时间价值时，你就不需要承担履约的义务。如果这份 11 月到期、执行价格为 40 美元的看涨期权合约的持有人希望持有股票，那么更好的做法是在市场上以每股 41 美元的价格购买股票，同时以每股 2 美元的价格将手中的看涨期权合约销售出去。如果期权合约的持有人一定要让你以每股 40 美元的价格将股票出售给他，虽然他在购买股票的时候确实节约了每股 1 美元的成本，但是他也放弃了出售期权合约所带来的每股 2 美元的收益机会。

例 4:

　　11 月初，XYZ 股票的价格为每股 34 美元，你以每股 2 美元的价格卖出了一份 11 月到期、执行价格为 35 美元的看跌期权合约。当期权合约的价格中包含 1 [=2 -（35 - 34）] 美元的时间价值时，你就不需要承担履约的义务。如果这份 11 月到期、执行价格为 35 美元的看跌期权合约的持有人希望出售手中的股票，那么他更好的做法是在市场上以每股 34 美元的价格出售股票，同时以每股 2 美元的价格将手中的看跌期权合约销售出去。如果期权合约的持有人一定要让你以每股 35 美元的价格购买其手中的股票，虽然他在出售股票的时候确实获得了每股 1 美元的收益，但是他也放弃了出售期权合约所带来的每股 2 美元的收益机会。

　　指导原则 3: 在卖出的期权合约即将到期，并且平值期权的时间价值几乎要减少至零的时候，承担履约的义务的可能性会比较大。

　　我们来看看例 3 和例 4 在 11 月即将到期时可能产生的结果。

例 5:

　　在 11 月到期的期权合约到期前的一个星期，XYZ 股票价格为每股 41 美元。你以每股 1.1 美元的价格出售了一份 11 月到期、执行价格为 40

美元的看涨期权合约。期权合约的时间价值仅有 0.1［=1.1 -（41 - 40）］美元，此时就很有可能产生履约的义务。那些希望持有股票的期权持有人可能会认为不值得为了每股 0.1 美元的收益而购买股票并出售期权合约。

例 6：

在 11 月到期的期权合约到期前的一个星期，XYZ 的股票价格为每股 34 美元。你以每股 1.1 美元的价格出售了一份 11 月到期、执行价格为 35 美元的看跌期权合约。期权合约的时间价值仅有 0.1［=1.1 -（35 - 34）］美元，此时就很有可能产生履约的义务。那些希望出售自己持有的股票的期权持有人可能会认为不值得为了每股 0.1 美元的收益而出售股票并出售期权合约。

小结

例 3 和例 4 显示$^{\ominus}$，当时间价值大于或等于 1 美元的时候，履约义务是不会产生的，例 5 和例 6 显示$^{\ominus}$，当时间价值仅为（甚至是低于）0.1 美元的时候，你就必须为履约的义务做好准备。作为总体的指导原则，这两种结果的区分点在于时间价值仅有 0.15 ～ 0.2 美元的时候。如果期权合约的购买价格包含着至少 0.2 美元的时间价值，那么履约的义务就不太可能发生；如果期权合约的购买价格所涵盖的时间价值少于 0.15 美元，那么履约的义务就很有可能会发生。

　$\ominus$　原书为例 1 和例 2，原书疑有误。——译者注
　$\ominus$　原书为例 3 和例 4，原书疑有误。——译者注

比较例 5 和例 6 所示的不同情况可以发现，看跌期权合约的提前履约义务发生的可能性比看涨期权合约更高。那些希望通过既定的执行期权来出售股票的交易者通常会冲动地出售股票以获得对应的现金流入，然后再展开一项新的投资，而那些希望通过既定的执行期权来购买股票的交易者则更加倾向于尽可能地推迟股票的购买行为，以避免使用现金，直到在绝对必要的条件下，他们才会使用现金来购买股票。

期权提前履约的可能性有时候会取决于股利的分配。如果对方希望获得既定的股息收入，那么你的看涨期权空头的履约义务会更有可能被执行。相反的情况，如果看跌期权的多头希望多持有股票一段时间以获得股利的话，执行履约义务的可能性就比较小。

对于深度实值期权，即使合约的到期时间还很遥远，期权合约的购买价格所含的时间价值也会非常有限。在这种情况下，期权就非常有可能被提前执行。

如果你认为自己可能需要履约，那么检查一下你的期权合同中的未平仓合约数量（open interest）。如果未平仓合约数量较低，那么履约义务就更有可能发生。

应用

现在我们来看一些包括持保看涨期权交易或者是价差期权交易的情形。在持保看涨期权交易中，你在期权合约上的空头可以由你所持有的股票得到对冲。在价差期权交易中，你的空头期权可以通过期权的多头得到保障。

例 7:

持保看涨期权。你现在持有 100 股 XYZ 的股票，同时你以每股 2.5 美元的价格出售了一份 11 月到期、执行价格为 40 美元的看涨期权合约。只要股票价格低于 40 美元，如例 1 所示的情况，你就不必关心期权提前履约的义务。即使是在股票价格高于 40 美元的时候，如例 3 所示的情况，如果期权合约的价格中包含着足够多的时间价值，你也不用担心期权履约义务的发生。只有当股票价格高于 40 美元，同时期权合约的价格中所包含的时间价值小于或等于 0.15 美元的时候，你才有必要担心提前履约发生的可能性，如例 5 所示的情况。

在持保看涨期权的交易中，如果极有可能提前履约，你就必须要考虑如何采取行动：

（1）你可以选择不采取任何措施。在这种情况下，由于你在期权上处于空头，你的股票会以执行价格被他人买走，这并不是一个我们不想见到的结果。你可以从出售看涨期权空头中获得现金流入，同时你还可以从可能会下跌的股票中获得收益。

（2）你可以对你的看涨期权空头进行"展期"（roll out）。根据例 5，你可以购买 11 月到期、执行价格为 40 美元的看涨期权合约，然后出售一份 12 月到期、执行价格为 45 美元的看涨期权合约。这让你在 12 月之前，获得了手中股票的价格可能上升到 45 美元的机会。

例 8:

牛市看涨价差期权（bull call spread）。由于 XYZ 股票出现牛市，你以每股 4.7 美元的价格购买了一份 11 月到期、执行价格为 35 美元的看涨期权合约，同时以每股 2.5 美元的价格出售了一份 11 月到期、执行价格为 40 美元的看涨期权合约。这笔交易的净成本为 220［=（4.7 - 2.5）×100］美元。如果期权合约在到期的时候，股票价格高于 40 美元，则价差期权就可以产生 280［=（40 - 35）×100 - 220］美元的利润。假设在 11 月期权合约到期的时候，XYZ 股票的价格为每股 41 美元，那么在通常的情况下你会发现，通过回购一份 11 月到期、执行价格为 40 美元的看涨期权合约，同时出售一份 11 月到期、执行价格为 35 美元的看涨期权合约来退出交易，这种策略只能带来更少的利润，例如每股获利 4.8 美元，而不是预期中的每股 5 美元，产生这种结果的原因在于期权合约的买卖价格差。为了获得期望的每股 5 美元的收益，当你被要求执行那份 11 月到期、执行价格为 40 美元的看涨期权合约中规定的义务的时候，同时执行按照每股 35 美元的价格购买股票的权利。此时 XYZ 股票将会按照每股 35 美元的价格被买走，然后以每股 40 美元的价格被出售，这样你就可以获得你所期望的每股 5 美元的价差。

例 9：

日历价差期权（calendar spread）。XYZ 股票的价格接近每股 40 美元，并且早到期的期权合约的价格似乎包含额外的时间价值，因此你决定通过日历价差期权来获得收益。你以每股 4 美元的价格购买了一份 1 月到期、执行价格为 40 美元的看涨期权合约，同时以每股 2.5 美元的价格出售了一份 11 月到期、执行价格为 40 美元的看涨期权合约，你的净成本为 150［=（4 - 2.5）×100］美元。在你进入交易后不久，有消息传来称 XYZ 公司将被另一公司以每股 50 美元的价格收购。在这种情况下，你会发现 11 月到期、执行价格为 40 美元的看涨期权合约和 1 月到期、执行价格为 40 美元的看涨期权合约的价格都变成每股 10 美元左右，并且这个价值中不包含时间价值。此时你可能很快就需要执行看涨期权空头中约定的义务。避免执行这种义务的最简便的方法就是执行 1 月到期、执行价格为 40 美元的看涨期权合约中的约定，按照每股 40 美元的价格购买 XYZ 股票，并且按照每股 40 美元的股票出售 XYZ 股票。你在这个日历价差期权交易中的损失也就只限于初始交易时产生的 150 美元的成本。

第 8 章

选择经纪公司

仔细选择合适的经纪公司对交易很有帮助。如果仅仅交易股票，那么很多经纪公司都可以胜任。当还要进行期权交易时，更加仔细地挑选经纪公司就很有必要了。

绝大多数经纪公司现在都通过个人电脑进行期权交易。由于期权价格变化很快，不适宜用电话下单，你需要联网才能进行期权交易。目前很多经纪公司都称自己为在线交易商，它们是否名副其实地"适合期权交易"还是要看其提供的服务是否与你的期权交易相匹配。本章的目的就是帮你挑出最合适的经纪公司。

经纪公司的类型

本章介绍三种类型的经纪公司：全面服务经纪公司（full service）、折扣经纪公司（discount）以及专职期权经纪公司（options specialty）。全面服务经纪公司会提供各种关于股票、债券、养老金等长线投资的研究报告及投资建议。鉴于此，全面服务经纪公司的收费是最高的。折扣经纪公司很少提供投资建议，它们的收费也相对低些。专职期权经纪公司会说它们专注于期权交易者的需求，不过这点有时也是存疑的。

最近几年，这三种类型经纪公司的区别逐渐变得模糊。全面服务经纪公司也会降低佣金来和折扣经纪公司竞争，折扣经纪公司也会提供低成本的第三方研究报告以显得自己是个全面服务经纪公司。专职期权经纪公司也会采用和折扣经纪公司类似的费用结构。对我们来说，没有最好的经纪公司，通过本章的讨论，你会筛选掉一大批不合适的经纪公司。

佣金

如果你想进行一些常规的期权交易，那么你一定要考虑佣金。由于期权交易所要支付的佣金通常会高于股票交易所支付的佣金，因此选择一个收取合理佣金的经纪公司是很有必要的。

对于某些经纪公司来说，由于它们收取的佣金过高，以至于会侵蚀掉你全部的利润。即使是一些所谓的折扣经纪公司在期权交易中也会收取很高的佣金。幸运的是，为了提高与专职期权经纪公司相比的竞争优势，一些知名的折扣经纪公司纷纷降低了它们的佣金水平。

期权交易的佣金通常分为两部分，每份交易费与每笔交易费。比如你买了 10 份看涨期权合约。如果每份交易费用是 0.75 美元的话，在这笔交易中你就需要付出 0.75 × 10 = 7.5 美元。如果还有 10 美元每笔交易费的话，那么你还需要付出 10 美元，无论这次交易买了多少份期权。在这个例子里，总共需要的费用是 17.5 美元。

不同的经纪公司对这两类佣金的收取可能非常不同。某经纪公司可能收较低的每份交易费和较高的每笔交易费，另一个经纪公司可能会收很高的每份交易费和很低（甚至是 0）的每笔交易费。在选择经纪公司时，每 10 份期权交易的总费用应该不超过 18 美元。需要注意的是，提供最低佣金的经纪公司并不一定是最合适的经纪公司。

每个专职期权经纪公司提供的每份交易费用都在 1.25 美元或以下，每笔交易费用都在 7.5 美元到 10 美元。有些经纪公司对于多腿合约交易只收取一份每笔交易费，这会为价差交易者节省大量佣金。

交易平台

当你在互联网上进行交易的时候，你绝对希望能有一个高质量的交易平台，以保证自己在进入和退出期权交易的时候得到令人满意的价格。

许多经纪公司在它们的交易平台上提供了一些免费的交易试用，你可以充分利用这些免费试用的平台来验证它们是否适合进行期权交易。

这些交易平台最重要的特征就是拥有实时的股票和期权报价。在如今的市场环境中，各种事物瞬息万变，你不可能依靠延时的报价来做出决定。

交易平台应该让你可以轻松地观察一系列的期权交易情况，这样你就可以快速且方便地识别各种期权合约的执行价格和到期月份。优秀的交易平台还能提供每份期权合约的交易量和持仓量。最优秀的交易平台还能提供期权的 Delta 值以及隐含波动率（implied volatility）。

一个优秀的交易平台能让你直接进行期权交易。你只要简单地输入要进行交易的期权，并在跳出的窗口中执行就可以了。最理想的交易平台还能给你提供每个交易所的买卖报价，这样你就可以自行决定在哪个交易所进行交易。

优秀的交易平台还提供不同时间间隔的股票走势图，时间间隔包括一天和一分钟。这些平台同时还提供各种额外的分析工具，如移动平均线（moving average）、随机摆动（stochastic oscillators）等，这些工具也可以添加在走势图中。最理想的交易平台还能让你在不同的时间区间上同时观察多张价格走势图，逐分钟的报价图为你在期权交易中选择有利的进入和退出时机提供了帮助。

最理想的期权交易平台是能让你在进行多腿期权合约交易的时候就像是进行单一的期权合约交易一样方便。大多数交易平台都可以发条件单，也就是期权交易会被特定的股票价格变化而触发。

在你每月都能提供足够交易量的情况下，使用经纪公司提供的交易平台一般免费。如果每月的交易过少，经纪公司会收取象征性的交易平台使用费。

保证金以及交易限制

不同的经纪公司对保证金的要求存在显著的差异。同时，不同的经纪公司所能从事的期权交易的种类也不尽相同，这一点在退休金账户上体现得特别明显。

最严格的经纪公司要求你在账户中存入的保证金，要达到每份期权最糟交易情况下的保证金数量，即使是账户中的有相对应的对冲头寸的期权合约亦是如此。要求最宽松的经纪公司仅仅要求在那些没有对冲的裸期权空头上存入保证金。

整体上了解经纪公司保证金政策的一个简便方法是询问他们对蝶式期权交易（butterfly trade）是否要求保证金（蝶式期权我们会在第23章"蝶式价差期权"中进行讲述）。这个问题和你是否进行蝶式期权交易没有关系，这个问题的答案可以为经纪公司的保证金制度提供一个很好的参考标准。越是要求严格的经纪公司在蝶式期权交易上就越倾向于要求交纳保证金；而大部分要求宽松的经纪公司在蝶式期权交易上通常是不要求保证金的。

在大部分的情况下，经纪公司在期权交易上采取的限制措施是和它们的保证金制度联系在一起的，它们的联系在退休金账户上体现得更加明显。最严格的经纪公司不允许在退休金账户中进行任何价差期权交易，并且禁止一切需要交纳保证金的期权交易。最宽松的经纪公司允许交易者进行一切形式的期权交易，只要交易者的账户中存有足够的现金或者股票以保证平仓。

跨合约多档交易

为期权交易选好特定的经纪公司之后，你需要填写一个申请来开启能为你执行各种交易策略的账户。你会购买看涨期权和看跌期权，你也可能买入看涨期权和看跌期权的组合，也就是进行价差交易。为了进行所有种类的期权交易，你需要你的账户支持跨合约多档交易。

在完成并提交账户申请之前，你需要联系经纪公司以确认申请中还需要何种信息才能让你的账户支持跨合约多档交易。每个经纪公司都会有相应的开通跨合约多档交易的原则。如果你的经纪公司觉得你还没有进行跨合约多档交易的经验，它会告诉你如何才能得到这些必要的经验。在你经历了一段时间，熟悉并确认能进行跨合约多档交易之前，不要提交进行跨合约多档交易的申请。

经纪公司的人工服务

迟早你都会遇到需要经纪公司提供人工服务的时候，几乎所有的经纪公司都会有电话热线来为你提供人工服务，但是人工服务的效果是因公司而异的。

衡量人工服务效率的第一个因素就是你能获得人工服务的速度。如果你在交易中遇到紧急的问题，那么花费 10 分钟来等待人工服务电话接通这个代价实在是太高了。

第二个因素是给你提供服务的接线员的素质水平。很多经纪公司只有为数不多的几个精通期权交易的员工。当在期权交易中需要帮助的时候，你希望接电话的人能够理解你所遇到的问题。优秀的经纪公司可以让你快速联系上能够为你提供专业的期权交易服务的人员。

原则上，专职期权经纪公司在提供有竞争力的人工服务上是最具有优势的。尽管大多数专职期权经纪公司是这样的，但是，它们之中也有一些只能提供水平有限的人工服务。

小结

如果你只是一般的期权交易者，那么用最方便、最节约成本的方式来实现交易是很重要的。挑选那些高质量的经纪公司可以让你更好地实现自己的目标。

第 9 章

各种交易技巧

本章介绍一些可以帮助你在期权交易上更加成功的技巧。有一些技巧在前面的章节中已经介绍过，但是在这一章里还是有必要重复一遍以便更好地理解。

时间就是金钱

"时间就是金钱"是期权交易中一个最重要的概念，它和那些持有期权合约或者是计划要购买期权合约的交易者联系最为紧密。

如果你持有期权合约，那么时间就是你的敌人。你的脑海中必须有这样一个观念：期权合约的时间价值是会逐渐消失的，特别是在期权合约到期前两三个星期的时候。如果你持有的期权合约是虚值期权，那么你就很容易损失交易中所支付的全部成本。不要寄希望于出现不可预测的事件，使股票的价格朝着对你有利的方向运行，而持有虚值期权至到期日。尽早结束这些没有希望的交易，以便利用剩余的资金来开始新一轮的交易。不要幻想股票价格最后会朝着对你有利的方向变动，因为这种情况很难发生，几次侥幸的正确也很难弥补在错误时造成的 100% 的亏损。

当你考虑购买某种期权合约的时候，需要考虑期权还有多长时间到期，在期权到期之前需要留有足够的时间以便股票价格变化到你判断的位置。你可能会受到诱惑去购买那些你认为价格很快就会上升的、廉价的、早到期的股票期权合约，但是三四个星期很快就会过去，而那些具有相同的执行价格、晚两三个月才到期的期权合约看上去好像是贵一些，不过我们认为多付出这笔钱来获得两三个月的时间是值得的。

对于周度期权来说，时间对交易有很大的影响。对于生命周期只有 9 天乃至更少的期权来说，你必须紧盯时间变化以避免赔光本钱。

趋势交易

在开始进行期权交易之前，需要分析标的股票和总体市场行情当前的走势，在期权交易有时间限制的情况下，要确保当前的走势是对你有利的。

意图在股票价格达到低谷或者顶峰的时候进行期权交易是不明智的，你应该等待一定的时间以确定股票的走势符合预期。因为期权交易具有杠杆作用，不用完全抓住股票的趋势，就能获得不错的利润，所以完全可以等待适当的时机。

如果标的股票的价格出现回落，那么在购买看涨期权合约之前，你要分析是否有指标能够表明股票价格会回归上涨。如果市场的整体行情呈现熊市的状态，尽量不要进行牛市期权交易，除非市场的总体行情出现逆转。

期权交易的风险资本

期权交易的入门者通常都会问："在我全部的投资中，我应该投资多少来进行期权交易？"为了回答这个问题，你必须决定：在所有的投资资本中，你愿意用多少资本来从事高风险交易？这个决定取决于多种因素，并不仅仅是你对风险的偏好程度。如果你是一个保守主义者，那么在期权交易中就不要投资超过 10% 的资本。

在你确定了愿意投入高风险交易的资金量后，每笔期权交易中至多使用这部分资金量的 15%。比如说，如果你可以用来投资的总资本为 50 000 美元，那么你可以将其中的 5000 美元投入到期权交易中，并且每笔期权交易中所能承受的最大风险为 750 美元。

在最开始从事期权交易的时候，最多同时进行 2 ～ 3 笔期权交易。当对自己有信心后，你可以将交易笔数增加到 5 ～ 6 笔，在每笔交易占用 15% 资金量的情况下，高风险交易的资本几乎都被用于期权投资了。留置少量的现金以备不时之需是一种明智的选择。

随着你对期权交易的认识和理解的深入，你可以将更多的资金投入到期权交易中。举例来说，你开始可以用长期期权来代替股票，甚至在更加低风险低收益的投资组合中也可以使用。你也可以利用看跌期权以相对低的成本保护投资组合。

交易跟踪

在交易一段时间后，你需要对交易过程进行评估。你需要对标的股票与期权的价格联动有所感觉。系统地追踪期权交易是获取这种感觉的最佳办法。

　　跟踪交易要从第一笔交易开始。你可以通过 Excel 或者是简单的手制图表来进行记录。在左上角输入标的股票的代码，同时在右边输入标的股票价格。下一行，在股票代码的正下方输入你所购买的期权合约及其数量（例如，5 份 1 月到期、执行价格为 20 美元的看涨期权合约），同时在右边输入期权合约的购买价格，这个购买价格应该排列在标的股票价格之下。

　　然后，按照一般的进度和计划，在水平方向上从左至右地记录股票和期权合约的价格。每一次的记录都是将当前的股票价格记录在第一行，对应的期权合约的价格记录在下一行。你可以每天都进行记录，也可以每个星期记录一次，这取决于此项交易本身该如何跟踪。为了明确追踪观察的时间线，你可以在记录股票和期权合约价格的时候在旁边记录下当天的日期。

　　这个追踪过程提供的记录可以帮助你明确在特定的时间段里你的交易是处于何种状态。通过这个记录，你很快就可以认识到期权交易的两个基本特征：①期权合约的价格会受股票价格影响；②在期权合约快到期的时候，期权合约的价值会损失。

　　在经历了一段时间的记录之后，你就可以通过股票价格推测出期权合约的大致价格。这种追踪过程可以帮助你敏锐地判断出什么时候应该退出期权交易。

预期事件

　　实时更新并跟踪期权交易标的股票的近期事件是很重要的。任何对股票价格可能产生显著影响的事件都可能会对相应的期权合约的价格产生巨大的影响。

当然，一些事件是不可预测，但还是有很多事件是可以预测的。对所有的股票来说，也许最重要的事件就是季度财务报告，同时配股和分红的信息也是很重要的，这些信息都可以在网站免费得到（如雅虎财经）。像药品批准或者法院判决等事件可能就不会有特定的公布时间，不过这些事件在发生前的几周之内我们还是可以知晓的。

如果你正在按照我们前面所述的方法进行追踪交易，你也可以把重要的日期放入表格。

实时报价

现在，获得股票期权合约的免费实时报价是相当容易的。主流经纪公司都会免费把这些数据提供给客户，对不活跃的交易客户也是如此。获得实时数据对进入和退出期权交易非常重要。通过观察期权合约的实时价格，你就可以按照最有利的价格来进行期权交易。

市价委托

除非是在迫不得已的极端情况下，否则尽量避免使用市价单的方式来交易期权。如果你使用市价委托的方式来买入或者卖出期权合约，达成的成交价通常不会令人满意。通常情况下，虽然使用限价委托的方式进行交易，观察期权合约的价格变动然后调整价格以获得一个合理的进入或退出价格是有些麻烦，但和市价单比，这些通常是值得做的。

期权计算器

当你在期权交易上累积了一些经验之后，你就应该考虑使用期权的计算器了。现在很多期权交易者依靠这些计算器来评估期权合约交易的可能性。计算器可以在你决定期权交易时给你提供各方面的帮助。它们可以在期权合约到期之前的任何时间、在标的股票的任何价格的基础上，估算出退出期权交易所产生的收益或者损失，它们还可以根据标的股票的波动性来计算出期权交易获得收益的可能性。

最有用的期权计算器可以生成风险示意图（见第 5 章 "风险示意图"）。当期权交易中包含多种具有不同到期时间的期权合约的时候，使用风险示意图来评价交易是非常有效的。

一些对期权交易友好的经纪商会提供免费的期权计算器作为他们提供的数据服务的一部分。如果没有其他条件的影响，这些期权计算器能帮助你避免进行没有盈利把握的期权交易。

OPTIONS FOR THE BEGINNER AND BEYOND

交易策略

第二部分包括第 10 ～ 25 章。其中的每一章都会介绍一种策略，这些策略不局限于基本的看涨看跌期权合约交易。本部分的某些章是前面章所介绍的某些策略的高阶延续。这些高阶章标有星号，期权入门者在首次阅读这部分内容的时候可以暂时跳过。

第 10 章

垂直价差期权

基本的期权交易方式就是依据你对标的股票价格走势的判断，买入看涨或者看跌期权合约。期权交易的下一阶段是运用期权价差。在最简单的价差期权交易里，你在买入一份期权合约的同时再卖出一份期权合约以降低交易成本。价差期权交易有很多类型，本书将会逐一进行介绍。这一章将会介绍垂直价差（vertical spread）期权交易。在所有的价差期权交易中，这种垂直价差期权交易可能是最容易理解和执行的。

与仅仅购买看涨或者看跌期权合约相比，进行垂直价差期权交易有什么好处呢？简单来说，垂直价差期权交易可以提供一个获得更大的利润并降低风险的机会。

垂直价差期权合约有以下两种基本类型：①借方价差期权（debit vertical spread）；②贷方价差期权（credit vertical spread）。不仅如此，这两种基本类型都可以构建牛市或熊市价差期权。当你预测股票价格的变动在较长的时间发生时，你可以选择使用借方价差期权；当你希望从短期的股票价格变动中获得收益时，你可以选择使用贷方价差期权。

下面我们分别来分析每一种垂直价差期权，看看它们是如何运作的，以及什么时候可以使用它们。我们将会分别介绍 4 种垂直价差期权：牛市看涨价差期权（bull call spread）、熊市看跌价差期权（bear put spread）、牛市看跌价差期权（bull put spread）以及熊市看涨价差期权（bear call spread）。

借方垂直价差期权

牛市看涨价差期权

6 月，你认为 XYZ 股票的价格将会在接下来的 4 个月内出现大幅度的上涨，趋势会一直持续到秋季。XYZ 股票当前的价格为每股 35 美元，你认为股票价格在 11 月将会达到每股 40 美元或更高。

为了利用期权从股票价格的上升中获利，你考虑以每股 4.1 美元的价格购买 1 份 11 月到期、执行价格为 35 美元的看涨期权合约。不过当你意识到 4.1 美元的价格都是时间价值的时候，你会觉得这份期权合约的价格很高。假设这份期权合约在 11 月到期的时候，XYZ 股票的价格仅仅上升到每股 40 美元，在这种情况下，这份 11 月到期、执行价格为 35 美元的看涨期权合约的价值仅为每股 5 美元。也就是说，这份期权合约的利润为每股 0.9（=5 - 4.1）美元，每份合约初始的 410 美元的风险所带来的收益率仅为 22%。

为降低风险，考虑购买 1 份牛市看涨价差期权。

交易：以每股 4.1 美元的价格购买 1 份 11 月到期、执行价格为 35 美元的看涨期权合约，并以每股 2.1 美元的价格出售 1 份 11 月到期、执行价格为 40 美元的看涨期权合约。也就是说借方的净值为每股 2 美元。

成本 = 200 [= (4.1 - 2.1) × 100] 美元。

最大风险 = 200 美元。

假设在 11 月期权合约到期的时候，XYZ 股票的价格为每股 40 美元（或者更高），由于这 2 份期权合约的时间价值都消失了，所以它们二者的价格差就等于合约的执行价格之差，在这个例子里就是 5 美元。因此，你可以获得每股 3（=5 - 2）美元的收益，即每份合约的 200 美元的初始风险所带来的收益率为 150%。

图 10-1 所示的风险示意图可以很好地描述这笔交易。

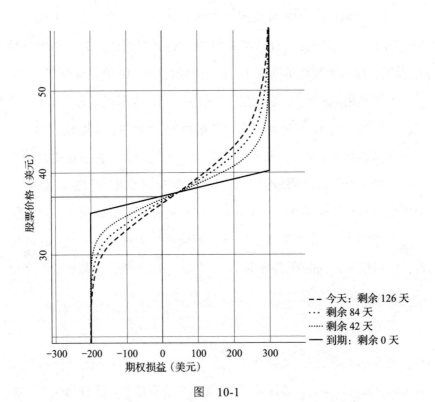

图 10-1

熊市看跌价差期权

6月，你认为 XYZ 股票的价格不会再上升，并且在未来的 4
个月里将会下降到更低的水平。XYZ 股票当前的价格为每股 35 美
元，你认为股票价格在秋季的时候会下跌到每股 30 美元甚至更低的
水平。

为了利用期权从股票价格的预期下跌中获得收益，你考虑以每股
3.9 美元的价格购买 1 份 11 月到期、执行价格为 35 美元的看跌期权
合约。由于期权合约的价格都是时间价值，所以你再一次认为这种期
权合约的价格高了。假设 11 月在这份期权合约到期的时候，XYZ 股
票的价格已经下跌到每股 30 美元，那么这份 11 月到期、执行价格
为 35 美元的看跌期权合约仅能以每股 5 美元的价格出售，获得每股
1.1（=5 − 3.9）美元的利润，每份合约的 390 美元的初始风险所带来
的收益率仅为 28%。

为了降低风险，考虑购买 1 份熊市看跌价差期权。

*交易：以每股 3.9 美元的价格购买 1 份 11 月到期、执行价格为 35
美元的看跌期权合约，并以每股 1.8 美元的价格出售 1 份 11 月到期、
执行价格为 30 美元的看跌期权合约，也就是说借方的净值为每股 2.1
美元。*

成本 = 210［=（3.9 − 1.8）×100］美元。

最大风险 = 210 美元。

假设你对 XYZ 股票的负面预期是正确的，在 11 月期权合约到期
的时候，XYZ 股票的价格为每股 30 美元。由于这 2 份期权合约的时
间价值都已经消失了，所以它们二者的价格差就等于二者的执行价格

之差，在这个例子里就是 5 美元。因此，你可以获得每股 2.9（=5 −
2.1）美元的收益，即每份合约的 210 美元的初始风险所带来的收益
率为 138%。

图 10-2 所示的风险示意图可以很好地描述这笔交易。

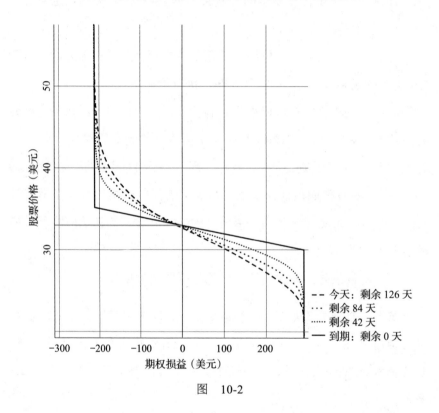

图　10-2

小结

牛市看涨价差期权和熊市看跌价差期权都是借方价差期权。这两
种期权交易获得盈利的前提是必须要有足够长的时间使得股票价格变
动到目标水平，也就是由于这个原因，你才愿意使用到期时间在几个

月之后的期权合约。这样，在期权合约还未到期的这几个月里，股票价格就有足够的时间变化到预期的水平。

　　为了获得最大的收益，在空头期权合约到期时，股票价格必须要达到（甚至超过）期权合约的执行价格。最大的收益通常是多头期权和空头期权的执行价格之差减去价差期权的初始成本。

　　通常情况下，你需要等到期权合约快要到期的时候才能从借方价差期权中获得盈利，这会使空头期权损失掉其所有的时间价值。如果在期权合约到期之前股票价格达到（甚至是超过）目标价格，那么此时借方价差期权所带来的利润就会远远小于最大收益。

贷方垂直价差期权

牛市看跌价差期权

　　你觉得 ZYX 股票的价格在近期内可能会出现上涨。ZYX 股票当前的价格为每股 45 美元，你认为股票价格在 5 月到期的期权合约到期之前的 6 个星期之内可能会超过每股 50 美元。

　　在这种情况下可以考虑使用 1 份牛市看跌价差期权。

　　交易：以每股 2.7 美元的价格购买 1 份 5 月到期、执行价格为 45 美元的看跌期权合约，并以每股 5.3 美元的价格出售 1 份 5 月到期、执行价格为 50 美元的看跌期权合约，也就是说贷方的净值为每股 2.6 美元。

　　收益 = 260 美元。

　　最大风险 = 240 美元。

　　假设在 5 月期权合约到期的时候，ZYX 股票的价格超过了每股

50 美元，那么这 2 份期权合约在到期的时候就没有任何价值，你所获得的收益就是开始进行交易时获得的 260 美元，这就是这笔交易可以获得的最大收益。在贷方价差期权交易的情况下，收益率是用获得的收益和最大风险的比值来表示的，在这个例子里，收益率就是108%（260/240 = 1.08）。

如果 5 月到期的期权合约在到期的时候 ZYX 股票的价格低于每股 45 美元，那么产生的损失就是最大风险的 240 美元。在这种情况下，这 2 份期权合约产生的损失就等于 2 份期权合约的执行价格之差，在这个例子里就是 5 美元，即（2.6 − 5）× 100 = −240 美元。

图 10-3 所示的风险示意图可以很好地描述这笔交易。

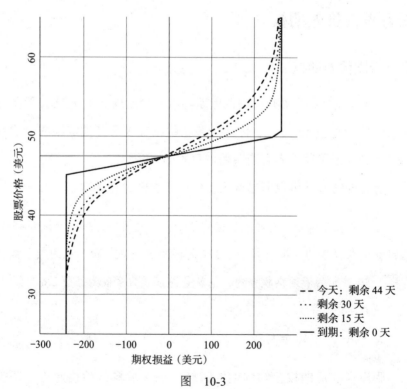

图　10-3

熊市看涨价差期权

由于经济的衰退，你认为 ZYX 股票的价格在近期内会出现大幅度的下跌。ZYX 股票目前的价格为每股 45 美元，你认为股票价格在 5 月中旬前会回落到原来的每股 40 美元的水平。

在这种情况下可以考虑使用 1 份熊市看涨价差期权。

交易：以每股 3 美元的价格购买 1 份 5 月到期、执行价格为 45 美元的看涨期权合约，并以每股 5.7 美元的价格出售 1 份 5 月到期、执行价格为 40 美元的看涨期权合约，也就是说借方的净值为每股 2.7 美元。

收益 = 270 美元。

最大风险 = 230 美元。

假设在 5 月期权合约到期的时候，ZYX 股票的价格低于每股 40 美元，那么这 2 份期权合约就会变得没有价值，你所获得的收益就是开始进行交易时获得的 270 美元，这就是这笔交易可以获得的最大收益。这笔交易中获得的收益和最大风险的比率是 117%（270/230 = 1.17）。

如果 5 月到期的期权合约在到期的时候 ZYX 股票的价格高于每股 45 美元，那么产生的损失就是最大风险的 230 美元。这 2 份期权合约产生的损失就等于这 2 份期权合约的执行价格之差，在这个例子里就是 5 美元，即（2.7 - 5）× 100 = -230 美元。

图 10-4 所示的风险示意图可以很好地描述这笔交易。

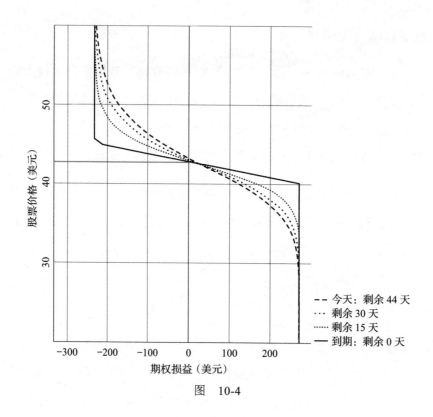

图 10-4

小结

牛市看跌价差期权和熊市看涨价差期权都是贷方价差期权，这些
交易给你的账户带来资金。如果在期权合约到期之前，股票价格达到
（或者是超过）目标水平，这些资金最终就变成了收益。这些交易通
常都是短期交易，目的是在合理的条件下获得贷方收益。

在贷方价差期权的交易中，如果期权合约在到期时股票价格达到
（或者是超过）期权合约的执行价格，那么你就可以获得最大的收益，
最大的收益就是初始的贷方净值。

另外，在贷方价差期权的交易中，你需要等到期权合约快要到期的时候才能获得最大的收益。和借方价差期权交易相比，贷方价差期权交易有着独特的优势，即在合约到期时，当股票价格到达目标水平的时候，贷方价差期权不需要采取任何行动。在期权合约到期时，所有期权合约都变得毫无价值。

垂直价差周度期权

对于还有几周到期的期权组成的垂直价差期权而言，通常我们希望最大的风险不要超过最大的潜在收益，而利用周度期权很难达到这点。

为了在垂直价差周度期权中获得一个合理的风险回报比，我们通常使用贷方价差期权，并且处于组合中空头的是实值期权。这意味着标的股票或 ETF 的价格要很快地依我们预期的方向移动，这样我们才能得到最大的利润。在这里，需要权衡的是，这么短的时间内，标的股票价格是否可能按我们预测的方向移动以及其可能产生的盈利。

第 11 章

事件驱动贷方价差期权

为了进一步解释垂直价差期权，本章将介绍在标的股票价格变化反复无常的情况下建立一个理想的贷方价差期权。我们将对何时进行贷方价差期权交易和怎样构建贷方价差期权进行说明。

首先让我们回顾一个理想的垂直贷方价差期权所具备的三个主要要素：

1. 当出售期权合约的价格中增加了额外的权利金时，贷方价差期权的表现最好。

2. 构建理想的贷方价差期权便于在标的股票价格小幅波动或者没有变动的情况下实现最大收益。

3. 使用即月到期的期权合约可以实现第 1 条和第 2 条中提出的条件。

现在来看一下在什么时候我们可能找到能够满足前面第 1、第 2

和第 3 项要素的市场环境。

我们寻找一种能够引起股票价格大幅变动并伴有巨额交易量的事件。大幅变动可能是股票价格的上涨，也可能是下跌。最重要的是，在市场消息全部出尽后，作为这种大幅变动原因的事件会基本结束。我们希望看到，股票价格在大幅变动后处于稳定或者有小幅回调的状态。这种行情会为即月期权合约增加大量额外的时间价值，这是因为交易员急于平掉已有的头寸或者尝试抓住期望中接下来的第二波行情。

这里的观点是直到行情走势变得明朗，才进入贷方价差期权交易。这种交易的目的是在股票大幅波动时，将价差交易的空头部分建立在价格到达波峰或者波谷的极值处。这笔交易需要交易者细心观察几个交易日，以防新一波行情到来。

什么样的事件会产生期望的交易场景呢？

- **超预期收益**：当这类消息公布后，在即刻的市场行情中没有什么其他消息会比之影响更大。股票交易员可能需要几个交易日的时间来调整他们的仓位，但是在这之后事件的影响就会结束。

- **政府对产品的批准或者否决**：这种情况多发生在进行了大量宣传工作的药品在等待美国食品药品监督管理局（FDA）对其检测或者上市的裁定时。在美国食品药品监督管理局做出决定后，交易者可以计算出对公司利润的影响，接下来价格的变动将会反映股票价值的重估。这种情况下，事件的影响就结束了。

- **收购计划**（尤其是在收购计划可能最终并不会发生的情况下）：

股票价格的跳空缺口体现了预期的收购价格，但是接下来因为收购的可能性开始被市场质疑，股票价格会开始出现回调。

下面来看一些例子，这些例子都是在发生特殊事件的情况下建立起的贷方价差期权。

例1：

2004年2月12日，欧洲专利局宣布撤销兰巴斯（RMBS）[⊖]的专利申请。这意味着该公司在某些国际市场上无法从竞争者手中获得高额专利使用费。这个利空消息一经传出，股票价格遭受重创，放量下跌，迅速从30美元的水平跌至24.35美元附近。

这是一个一次性事件，可能不会出现进一步相关的坏消息。大幅放量下跌说明卖方已经完全释放了他们的卖空情绪。RMBS的走势图提供了额外的证据表明股票价格已经触底，因为回溯到2003年11月，股票价格在24美元处获得强支撑。下一个交易日，股票价格开始小幅反弹至25美元的价格水平。这是一个构建以下贷方价差期权交易的好机会。

交易：买入1份3月到期、执行价格为22.5美元的看跌期权合约，同时卖出1份3月到期、执行价格为25美元的看跌期权合约，这笔交易带来每股1.25美元的净收入。

收益 = 125 美元。

最大风险 = 125〔=（25 − 22.5 − 1.25）×100〕美元。

图11-1所示的风险示意图描述了这笔交易。

⊖ 兰巴斯（RMBS）：美国计算机内存研究与开发公司。——译者注

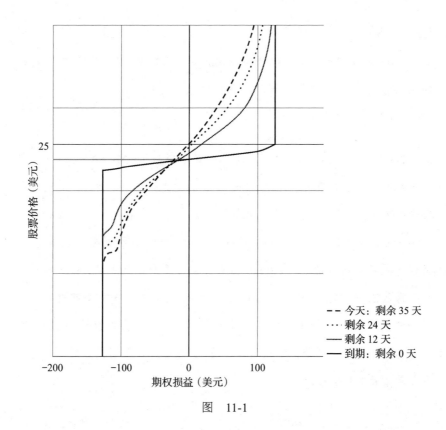

图　11-1

　　贷方价差期权交易的目的是获得基本等于或者甚至超过最大风险的收益。这类交易机会通常出现在一些特殊事件之后，这些特殊事件会引起伴随着高成交量的大幅价格变动。这样的市场环境经常为构成理想贷方价差期权交易的平值期权合约增加额外的权利金。

　　就像大多数贷方价差期权一样，时间是你的朋友，也就是说要使用近月到期的期权合约。在 RMBS 这个例子中，2 月到期的期权合约仅剩 8 天就将到期，到期时间太快了，这不能提供理想的收益，因此选择 3 月到期的看跌期权合约进行交易。为了实现这笔交易的最大利润，5 个星期后，在 3 月到期的期权合约到期时，RMBS 的收盘价需要高于 25 美元。

2004 年 3 月 19 日，RMBS 收盘价为 27.21 美元，此时期权合约到期且毫无价值。最大利润得以实现。

例 2：

2004 年 2 月 11 日，有市场消息称康卡斯特（CMCSA）⊖有意收购迪士尼（DIS）⊜。DIS 价格迅速从 24 美元的水平放量上涨至 28 美元的高位。很快地，迪士尼公司明确表示这是一起恶意收购，一定会抵制收购的发生。因此，除非康卡斯特公司增加收购报价，否则在不久的将来，收购意向将受到质疑。两天内，收购引起的风波逐渐平息，DIS 股价开始回调至 27 美元。这是一个构建以下贷方价差期权交易的好机会。

交易：买入 1 份 3 月到期、执行价格为 30 美元的看涨期权合约，同时卖出 1 份 3 月到期、执行价格为 27.5 美元的看涨期权合约，这笔交易带来每股 1.3 美元的净收入。

收益 = 130 美元。

最大风险 = 120［=（30 − 27.5 − 1.3）×100］美元。

图 11-2 所示的风险示意图描述了这笔交易。

在这个例子里，一个特殊事件为原本平静的股票行情带来了相当大的影响。交易量放大的价格跳空上涨为平值期权合约增加了额外的权利金。为了在这笔贷方价差期权交易上实现最大利润，DIS 收盘价需要在 3 月到期的期权合约到期时低于 27.5 美元。

⊖ 康卡斯特（CMCSA）：美国最大的有线电视公司。——译者注
⊜ 迪士尼（DIS）：美国传媒娱乐公司。——译者注

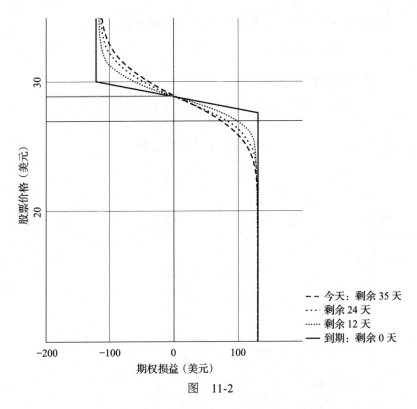

图 11-2

在 2004 年 3 月 19 日，DIS 收盘价为 25.39 美元，此时期权合约
到期且毫无价值。最大利润得以实现。

例 3：

2005 年 4 月 14 日，尽管财务报表显示公司业绩良好，但是苹果
（AAPL）$^{\ominus}$股票价格开始从 40 美元的价格水平放量下跌。在接下来的几次
董事会会议期间，股票价格下跌到了 34 美元后开始稳定下来。这是一个
构建以下贷方价差期权交易的好机会。

交易：买入 1 份 5 月到期、执行价格为 32.5 美元的看跌期权合约，

$\ominus$ 苹果（AAPL）：美国知名高科技电脑公司。——译者注

同时卖出 1 份 5 月到期、执行价格为 35 美元的看跌期权合约，这笔交易带来每股 1.2 美元的净收入。

收益 = 120 美元。

最大风险 = 130〔=（35 - 32.5 - 1.2）×100〕美元。

图 11-3 所示的风险示意图描述了这笔交易。

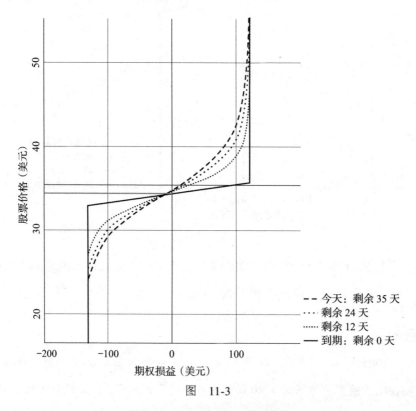

图　11-3

在这个例子里，一个有实力的公司在获得良好业绩的情况下遭到市场卖空，显然是因为投资者担心这家公司能否保持如此出众的增长。过度的卖出为近期到期的期权合约增加了额外的权利金。为了在这笔贷方价差期权交易上实现最大利润，AAPL 收盘价格需要在 5 月到期的期权合约到期时高于 35 美元。

在 2005 年 5 月 20 日，AAPL 收盘价为 37.55 美元，此时期权合约到期且毫无价值。最大利润得以实现。

小结

寻找这些贷方价差期权交易机会并不需要在这些特殊事件发生的第一时间就得到这些消息。事实上，你应该用 1 ～ 2 天（可能更长的时间）来等待公众意识到事件的发生，并且让事件对股票价格产生的影响释放出来，从而使价格出现大幅变动。但是，你不能等待过长的时间，因为期权价格中增加的额外权利金会马上消失。

对引起股票价格大幅变动的特殊事件的背景进行研究是非常重要的。要确定这类事件不会在不久的将来产生进一步的影响。这类事件可以是利好消息，也可以是利空消息，只要它满足这类特殊事件的要求就可以加以利用。避免利用类似于"会计违规"或"可能重新发布业绩报表"这样的事件，因为这些事件经常会得到更深层次的揭露，从而推动股票价格进一步下跌。

第 12 章

日历价差期权

本章我们将聚焦于日历价差期权，也叫水平价差期权或时间价差期权。这类期权交易组合适用于价格波动区间较小的股票和 ETF，而对于月波动幅度超过 15% 的股票，日历价差期权则不适合。

在一个标准的日历价差期权中，你买入一份远月到期期权，同时卖出一份近月到期期权，两份期权的执行价格相同。通常交易者会选择最接近交易初始阶段的股票价格作为这两份期权的执行价格。如果一切如预期运行，即在近月到期期权的到期日该股票价格基本维持不变，那被卖出的近月到期期权价值会趋于零。对于整个价差期权组合来说，这等于相应降低了你买入远期到期期权的成本，你可以选择卖出这一远期到期期权获利或者继续持有。

看涨期权和看跌期权都可以构造日历价差期权。由于是入门级的讨论，我们先以看涨期权为例。关于如何运用看跌期权构造日历价差期权会在本章的最后进行讨论。

假设股票 XYZ 在过去的几个月里价格波动较小，并且你认为这一价格走势将会延续。5 月初，股票 XYZ 价格为 34.7 美元，用执行价格为 35 美元的期权进行日历价差期权交易是个不错的选择。以下是用 XYZ 股票期权进行日历价差期权的交易。

交易：买入一份 11 月到期的看涨期权，其权利金为每股 3.5 美元，卖出一份 6 月到期的看涨期权，权利金为每股 1.3 美元，两份期权的执行价格都是 35 美元。

交易成本 = 220 美元。

交易最大损失 = 220 美元。

图 12-1 为看涨期权构成的日历价差期权风险示意图。

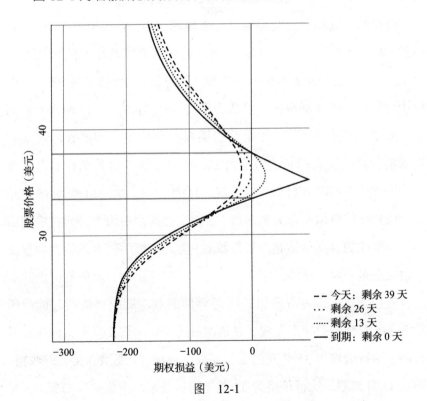

图　12-1

假设 6 周之后，在 6 月到期的看涨期权的到期日，XYZ 股票价格仍为 34.7 美元，那卖出的 6 月到期的、执行价格为 35 美元的看涨期权就变得没有价值。这就使你买入的 11 月到期的、执行价格为 35 美元的看涨期权的成本下降至 2.2 美元。运用期权计算公式，可以估算出，在 6 月到期的看涨期权的到期日，11 月到期的、执行价格为 35 美元的看涨期权合约价值应为每股 3 美元。这样在 6 月到期的看涨期权到期后的第 1 个星期一，你可以以 3 美元的价格卖出 11 月到期的、同样执行价格的看涨期权，获得总计 80 [=（3 − 2.2）× 100] 美元的收益（如图 12-1 所示）。这一组合的收益率达到 36%，即初始风险为 220 美元，6 个星期后的收益回报达到 80 美元。

现在我们继续分析交易细节，来理解这 80 美元的收益是如何获得的。6 月到期、执行价格为 35 美元的看涨期权卖出时的价值为每股 1.3 美元，这都是期权的时间价值（卖出时，期权标的价格接近期权执行价格，故该期权内在价值为零）。由于在 6 月到期期权的到期日，XYZ 的股价仍低于 35 美元的期权执行价格，因此 6 月到期的看涨期权合约在到期日的价值为零，你通过这次价差期权交易获得了该期权所有的时间价值。而此刻，11 月到期、执行价格为 35 美元的看涨期权的价值从原先的每股 3.5 美元回落至每股 3 美元，换句话说，该期权的时间价值减少了每股 0.5 美元。你所获得的价差期权交易收益正是来源于这两份期权合约对同一时间窗口，其时间价值的敏感度有所不同。即在 6 周里，11 月到期的看涨期权损失的时间价值要低于 6 月到期的看涨期权。在这次日历价差期权交易中，你从 6 月到期、执行价格为 35 美元的看涨期权中获得了每股 1.3 美元的收益，而在 11 月到期、执行价格为 35 美元的看涨期权中损失了每股 0.5 美元的价值，这样你便在这 6 周时间里获得了每股 0.8（=1.3 - 0.5）美元的净收益。

这里介绍另一种交易方式，在 6 月到期期权的到期日，你可以选择不立即卖出 11 月到期、执行价格为 35 美元的看涨期权，获得收益，而是继续持有这份远月到期期权合约，同时通过卖出一份 7 月到期、执行价格为 35 美元的看涨期权，构建一个新的日历价差期权。这便是日历价差期权的一个潜在优势：交易者可以通过持续卖出近月到期的期权合约来降低购买远月到期的期权合约的成本。我们来仔细分析下这个新构建的日历价差期权。

在 6 月到期、执行价格为 35 美元的看涨期权到期后，你仍持有一份 11 月到期、执行价格为 35 美元的看涨期权，这份合约的成本为每股 2.2 美元。然后，我们再以每股 1 美元的价格卖出一份 7 月到期、执行价格相同的看涨期权。（由于 7 月到期的期权合约在卖出时，到期时间仅剩下 4 个星期，因此卖出该期权合约的收入要少于卖出 6 月到期的看涨期权的收入。）在这个新的日历价差期权中，你的交易成本和最大风险为 120［=（2.2 - 1）× 100］美元。

在 7 月到期期权的到期日，假设 XYZ 的股票价格仍为 34.7 美元。那已卖出的 7 月到期、执行价格为 35 美元的看涨期权价值为 0 美元。这就使你手中 11 月到期、执行价格为 35 美元的看涨期权的成本变得更低，即每股 1.2 美元。运用期权公式，我们可以估算出 11 月到期、执行价格为 35 美元的看涨期权价格为每股 2 美元。此刻，我们如果在看涨期权到期后的第 1 个星期一卖出该期权，便同样获得了 80 美元的收益。在这个新的日历价差期权中，在当前风险为 120 美元的情况下，收益率达到了 67%。

以上推算的结果是在一个高度理想化的假设中进行的，即 XYZ 的股价在 6 月到期期权的到期日为 34.7 美元，与开始日历价差期权交易时的股价相同，而且，如果继续建立上述第二个日历价差期权交易，7 月到期期权到期时，XYZ 的股价同样为 34.7 美元。为了能够更为实际地理解日历价差期权交易，我们需要研究在期权合约到期日，XYZ 股票价格和最初交易时刻价格不一致的情况。

假设在 6 月到期的看涨期权合约到期时，XYZ 股票的价格下跌至 33.75 美元。已售出的 6 月到期、执行价格为 35 美元的看涨期权归于零值。由期权公式估算的 11 月到期、相同执行价格的看涨期权价值应为每股 2.5 美元。你可以卖出这份远期期权合约，获得收益 30［＝（2.5－2.2）×100］美元。即使 XYZ 的股票价格下降了，基于 220 美元的初期风险，这对看涨期权构成的日历价差期权交易也获得了 9% 的收益。这次，该日历价差期权的收益率相对较低，主要是由于股票价格的下跌使 11 月到期的看涨期权失去了部分内在价值。

如果在 6 月到期的期权合约到期日，日历价差期权交易要保证获利，那 XYZ 的股票价格可以允许下跌到什么水平？利用期权计算公式，我们得到：在这一日历期权价差交易中，XYZ 股价的盈亏平衡点在 33 美元，如图 12-1 所示。在 6 月到期的看涨期权到期日，如果股票价格低于 33 美元，这一日历价差期权头寸将转为净亏损。比如，如果 XYZ 的股价在 31 美元，该日历价差期权交易的净亏损将达到 80 美元。这一交易策略的最大亏损即为构建日历价差期权交易的最初成本 220 美元。如果在到期日，XYZ 的股票价格大幅下挫至 25 美元甚至更低，那这一交易的损失将接近最大。

但在 6 月到期期权的到期日，即使 XYZ 的股价低于 33 美元，日历价差期权交易暂时没有利润，你仍可以继续持有 11 月到期、执行价格为 35 美元的看涨期权合约，因为通过之前的日历价差期权交易，持有该 11 月到期的看涨期权的成本已降至 2.2 美元。未来一旦股价上涨，将更容易获利。

我们再考虑另外一种情况，假设 XYZ 的股票价格在 6 月到期期权的到期日升至 36.5 美元。那么，6 月到期、执行价格为 35 美元的看涨期权价值为每股 1.5 美元（均为内在价值）。而利用期权计算公式得到的 11 月到期、同样执行价格的看涨期权的价值为每股 4 美元。为了在 6 月到期期权到期日结清交易头寸，我们需要买入一份 6 月到期的看涨期权同时卖出一份 11 月到期的看涨期权，两份期权的执行价格都是 35 美元，这一操作的净收益为每股 2.5（=4 - 1.5）美元。这代表整个日历价差期权中我们盈利 30［=（2.5 - 2.2）×100］美元，以 220 美元的初始交易成本计算，日历价差期权交易收益率为 14%。

上述情况中，在 6 月到期期权的到期日，由于 XYZ 的股票价值高于 35 美元，因此 6 月到期的看涨期权仍具有一定价值，这抵消了具有同样执行价格的 11 月到期期权的部分价值增量。如果在 6 月到期期权到期日，XYZ 的股价更高，虽然 11 月到期、执行价格为 35 美元的看涨期权价值也将继续走高，但其价值增量同样会被更直接增长的 6 月到期、执行价格为 35 美元的看涨期权的内在价值增量所抵消。

如果在 6 月到期的期权合约到期日，日历价差期权交易要保证获利，那 XYZ 的股票价格可以允许上涨到什么高度？按照期权计算公式，股价上涨至 38 美元时，上述日历价差期权达到盈亏平衡，如图 12-1 所示。如果 XYZ 的股票价格为 38 美元，那 6 月到期、执行价格为 35 美元的看涨期权价值为每股 3 美元，而同样执行价格的、

11 月到期的看涨期权价格为每股 5.2 美元。在 6 月到期的看涨期权到期日结清头寸，获得 220 [= (5.2 - 3) × 100] 美元，正好等于最初的交易成本，收益为 0 美元。一旦 XYZ 的股价继续走高，超过 38 美元，那 6 月到期的看涨期权的涨幅将高于 11 月到期、执行价格为 35 美元的看涨期权。那么这一日历价差期权结清头寸后，交易者所得资金将低于 220 美元，导致净亏损。比如，在 6 月到期期权的到期日，如果 XYZ 的股价升至 42 美元，该日历价差期权将导致大约 100 美元的亏损。

滚动展期

如前所述，日历价差期权最主要的一个优势是，交易者可以每个月持续构建新的日历价差期权组合。在理想状态下，近月到期的期权在到期日期权价值趋于零，这就相应减少了交易者持有远月到期期权的成本。然后，交易者可以再次卖出下一个月到期的、相同执行价格的期权构建新的日历价差期权。

新旧日历价差期权的转换并不一定要等到旧的近月到期期权的到期日。通常，交易者会在近月到期期权到期日之前的几个交易日，就买入一份相同的近月到期期权，同时卖出一份新的下个月到期的期权，完成新旧日历价差期权的转换，我们称这种方式为滚动展期交易。

当近月卖出的期权在临近到期日仍处于实值状态时，滚动展期是必要的。在这种情况下，交易者会从市场购回之前卖出的期权，以避免在到期日产生履约义务。当然，如果近月到期期权在到期日之前处于虚值，进行新旧日历价差期权交易的转换也同样具有一定优势。具体在什么情况下，交易者才需要考虑进行滚动展期交易呢？

首先，我们来考虑，卖出的近月到期期权在到期日的前几个交易日处于实值状态的情况。通常在期权到期日前的 5～7 个交易日，实值期权自身价值中的时间价值已基本消失。在这种情况下，提前进行新旧日历价差期权组合的转换是有效的。因为，继续持有快到期的期权的空头头寸，并不能给我们带来更多收益，而即将卖出的下一个月到期的期权合约预期将发生大幅贬值。在原先的近月到期期权和待出售的下一个月到期的期权之间的价格差异达到最大时，执行滚动展期是最优的。而这种情况在近月到期期权的到期日之前是经常发生的。

而如果卖出的近月到期期权在到期日处于虚值状态，情况则略有不同。期权做市商通常会叫高虚值期权的卖方报价，即使该期权即将到期。通常，从到期日之前的几个交易日开始，他们就会维持每股0.15 美元的卖方报价，甚至更高。目的是提高交易者意图在到期日之前平仓，回避持有期权空头头寸风险的成本。在这种情况下，提早几个交易日执行滚动展期就更为安全，而不是持有期权的空头头寸仅为了赚取那额外的 0.15 美元的收益。与之前相同，关键是要在当近月到期期权和下一个月到期期权合约之间的价差达到最大时，执行滚动展期的交易策略。

小结

日历价差期权交易利用了近月到期期权比远月到期期权的时间价值衰减得更快这一特性来获得超额收益。要有效利用这一特性，通常两个期权到期日之间的间隔时间应大于 1 个月。这样在第一份期权合约到期之后，至少可以再构建一份新的日历价差期权。

在期权到期日，只有当股票价格波动较小的情况下，日历价差期权才能实现正向收益。图 12-1 是一个非常典型的日历价差期权交易的风险示意图。在 6 月到期期权的到期日，股价如果保持在 33 ～ 38 美元，该价差期权交易是盈利的。也就是说，在近月到期期权到期日，如果要使得该日历价差期权交易盈利，XYZ 股票的价格较 35 美元的期权执行价格上涨不能超过 9%，下跌不能超过 6%。因此，在选择日历价差期权交易时，准确地分析股票在期权到期日的预期价格交易区间就显得格外重要了。

以上的讨论中，我们运用看涨期权来构建日历价差期权。同样我们可以利用看跌期权来构建日历价差期权。通常，决定使用看涨还是看跌期权，取决于股票价格的预期变化方向。当相关标的股票的后市价格上涨概率较大时，通常偏向于利用看涨期权构建日历价差期权；而如果预期标的股票价格下行的概率较大，那利用看跌期权构建日历价差期权则更为合理。

那什么时候可以结清日历价差期权交易的头寸呢？虽然，这种交易方式的风险可控，最大风险损失等于交易者最初构建日历价差期权的成本，但谨慎地设置止损和退出时机以减少损失，总是必要的。一个较为合理的常用标准是，当交易亏损达到构建价差期权交易成本的 50% 时，便可结清日历价差期权头寸。

利用周度期权进行日历价差期权交易

日历价差期权的目的是通过获得卖出近月到期期权的权利金收益

来降低持有远月到期期权的成本。在近月到期期权的到期日，标的股票或者 ETF 的价格如果与两份期权的执行价格足够接近，那日历价差期权交易即可获利。而如今，周度期权在股票市场和 ETF 市场上的推广，给予了日历价差期权交易者更多的机会。

我们可以直接卖出到期时间更近的周度期权来代替之前的近月期权，其到期日距离交易初始阶段可以只有 9 天或更少。当然，卖出周度期权所获得的权利金收益要比出售月度期权少得多，但交易者同样获得了一些补偿优势。

利用周度期权构建日历价差期权，交易者离场和调整交易组合的机会将来得更快。当周度期权的时间价值逐步衰减至零时，日历价差期权者所持有的到期时间较长的期权合约的时间价值则下降相对少。即使卖出周度期权的权利金收益相对减少了，但通过滚动展期交易策略，不断平仓旧的周度期权、卖出新的周度期权，经过 3～4 周的滚动交易，就可以获得比卖出月度期权更多的权利金收益。

利用周度调整机会，交易者可以获得选择以较小收益换取更快离场的机会。同样，利用卖出与远期到期期权的执行价格不一致的、近期到期的周度期权，交易者便可以方便地将日历价差期权转换成对角价差期权。当作为标的物的股票或 ETF 价格的变动方向更有利于远期到期期权时，价差期权交易的收益率将大幅增加。

第 13 章

高级日历价差期权

这一章讨论日历价差期权中一些更深入的概念。

基于波动率偏移的交易

期权的隐含波动率（implied volatility，IV）是用来寻找合适的日历价差期权所需要的最重要的数据之一。隐含波动率最主要的作用是用来判断期权合约的价格是被相对高估还是低估了。大部分从事期权交易的经纪公司都会提供期权的隐含波动率数据。通过布莱克－斯科尔斯期权定价公式可计算得出期权合约的隐含波动率。在第 29 章"隐含波动率和布莱克－斯科尔斯公式"中，我们会讨论如何计算期权的隐含波动率。

如果目前的隐含波动率高于年均值，这就意味着期权合约的价格由于具备了额外的时间价值而产生膨胀。在日历价差期权交易中，交易者需要比较价差期权组合中期权空头和期权多头的隐含波动率。如果交易者想提高在日历价差期权交易中的成功率，那就需要期权空头的定价相对高于期权多头的定价。当期权空头的隐含波动率大于期权多头的隐含波动率时，交易者就需要观测波动率的偏移值（volatility skew），即波动率斜率。

波动率的偏移值在数值上等于期权空头隐含波动率相对于期权多头隐含波动率的增长率百分比。你可能会认为，波动率偏移值越高，日历价差期权交易的成功率就越大。然而，这个观点并不正确。通常情况下，一个日历价差期权交易的波动率偏移值在 10% ～ 25% 是最优的。当波动率偏移值大于等于 30% 时，交易者就必须谨慎和小心了，尤其是期权空头和期权多头的隐含波动率都达到不寻常的高度时。

波动率偏移值过高代表近月到期期权极具投机性，标的股票可能由于即将发生的某一事件产生大幅的价格波动。例如，在美国食品药品监督管理局对某种药物通过（或者否决）的消息公布前，我们可以看到相关期权的隐含波动率的偏移值经常会大于等于 50%。在这种情况下，日历价差期权交易的风险有两方面：①当这些极端事件发生时，股价很可能会迅速变化，从而使日历价差期权交易从盈利转向亏损；②即使股价没有发生变化，在这些极端事件发生之后，所有相关的价格波动率都会很快回落至更为正常的水平。这种隐含波动率的下跌被称为波动挤压（volatility crush），因为这种挤压会影响所有的相关期权交易，所以日历价差期权交易中期权多头的价格就会跌至大幅低于原有的价值，这就破坏了整个日历价差期权交易的潜在收益。

这里，我们的最低要求就是希望获得一个隐含波动率偏移值的黄金分割点（"Goldilocks" IV skew）：既不太低也不太高，适中即可。

下面我们来分析几个日历价差期权的例子，这些例子中的隐含波动率偏移值都较为适当。

例：

5月初，XYZ股票的价格是16.9美元，因此选择17.5美元作为日历价差期权中期权的执行价格是较为合理的。6月到期、执行价格为17.5美元的看涨期权的隐含波动率是49，而1月到期、执行价格为17.5美元的看涨期权的隐含波动率只有41，因此隐含波动率的偏移值为19.5%［（49 - 41）/41 = 0.195］。

交易1：以每股2.1美元的价格购买1份1月到期、执行价格为17.5美元的看涨期权，并以每股1.15美元的价格出售1份6月到期、执行价格为17.5美元的看涨期权。在这笔日历价差期权交易中，交易成本和最大风险为95［=（2.1 - 1.15）×100］美元。

图13-1是上述日历价差期权交易的风险示意图。

从图13-1中可以看到，若要使该日历价差期权交易保持盈利，作为期权标的的股票价格应在15～23美元。在6月到期期权的到期日，如果XYZ的股票价格正好在17.5美元，那这笔交易就可以获得125美元的最大收益，收益率为132%。如果在6月到期期权的到期日，XYZ的股价在16～20.5美元，那么该日历价差期权交易的盈利就在50～125美元，收益率在53%～132%。

作为比较，我们这次用看跌期权来构建日历价差期权交易。鉴于交易初始阶段，XYZ的股票价格在16.9美元，选择15美元作为日历价差期权中看跌期权的执行价格较为合理。

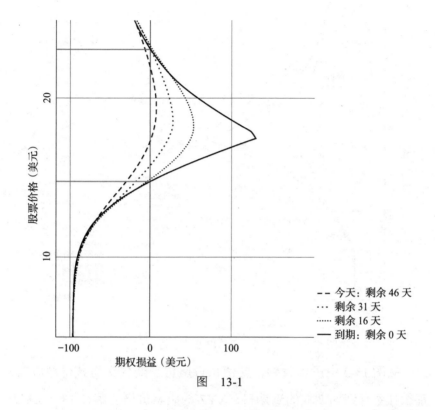

图　13-1

交易 2：以每股 1.6 美元的价格买入 1 份 1 月到期、执行价格为 15 美元的看跌期权，同时以每股 0.8 美元的价格卖出 1 份 6 月到期、执行价格为 15 美元的看跌期权。那么在这笔日历价差期权交易中，交易成本和最大风险为 80 ［ =（1.6 - 0.8）×100 ］ 美元。

1 月到期的看跌期权的隐含波动率为 44，而 6 月到期的看跌期权的隐含波动率是 52。因此隐含波动率的偏移值为 18.2% ［（52 - 44）/ 44 = 0.182 ］。

图 13-2 是上述日历价差期权交易的风险示意图。

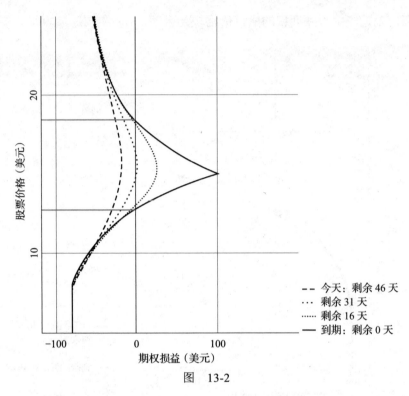

图 13-2

从图 13-2 中可以看到，要使该日历价差期权交易获得净收益，那么在 6 月到期期权的到期日，XYZ 的股票价格应落在 13 ～ 18 美元。在 6 月到期期权的到期日，如果 XYZ 的股票价格恰好在 15 美元，那么该日历价差期权交易就可以获得最多 100 美元的净收益，收益率为 125%。如果在 6 月到期期权到期时，XYZ 的股票价格在 13.5 ～ 17 美元，那该日历价差期权交易的盈利就在 30 ～ 100 美元，对应收益率在 38% ～ 125%。

小结

交易者应常常研究所考虑的日历价差期权交易中期权的标的股

票。你需要明确，标的股票的所属公司是否会发生能够影响期权合约隐含波动率的事件。

在比较以看涨期权构成的日历价差期权和以看跌期权构成的日历价差期权的过程中，我们可以发现以看涨期权构成的日历价差期权向较高的价格区间偏移，而以看跌期权构成的日历价差期权向较低的价格区间偏移，这是典型的轻微虚值期权对交易组合的影响，因为日历价差期权交易的最大收益出现在股票价格等于期权合约执行价格的时候。

以看涨期权构成的日历价差期权和以看跌期权构成的日历价差期权的隐含波动率的偏移值几乎是相同的，但是看涨期权构成的日历价差期权所对应的股票价格的盈利区间要宽于看跌期权构成的日历价差期权。（在前面的例子里，看涨期权构成的日历价差期权的股价盈利区间在 15 ～ 23 美元，而看跌期权构成的日历价差期权的股价盈利区间在 13 ～ 18 美元。）产生这种结果的部分原因在于：以看跌期权构成的日历价差期权中，期权的执行价格是 15 美元；而以看涨期权构成的日历价差期权中，期权的执行价格是 17.5 美元。后者的执行价格与交易初始阶段的股票价格 16.9 美元更加接近。

如果在日历价差期权交易中，我们使用的不是虚值期权而是实值期权，那么期权交易盈利所对应的股票价格区间就会变得更小，同时，当近月到期期权到期日的股价等于期权合约的执行价格时，日历价差期权所获得的收益就会更大。在这种情况下可以获得最大收益的原因在于：卖出的近月到期期权，其内在价值和时间价值都不为零，一旦股票价格朝着执行价格的方向变动，我们就可以获得近月到期期权的内在价值和时间价值。当然，日历价差期权组合中的期权多头也会在这个过程中损失部分内在价值，但是它的总体价格所受到的影响会相对较小。这里需要提醒的是，在实值期权构建的日历价差期权交易中盈利，通常都是些个案，并不具有普遍性。

比例日历价差期权交易

对经典的日历价差期权交易进行修正可得到一种非常有用的交易模式：比例日历价差期权交易。比例日历价差期权简单来说就是卖出的期权合约数量少于买入的期权合约数量，目的是持有更多的期权合约多头以除去盈利区间其中一边的限制。当标的股票价格朝着预期的方向大幅变化时，日历价差期权交易的收益没有上限。

无论是使用看涨期权还是看跌期权来构建比例日历价差期权交易，卖出的近月到期期权份数一定要少于买入的远月到期期权份数。在使用看涨期权构建交易组合时，如果股票价格走高，运用比例日历价差期权交易就可以使该日历价差期权交易时间曲线向上方无限延伸，使交易的理论收益达到无限。同样，使用看跌期权构建的交易组合，如果股价走低，那么运用比例日历价差期权交易就可以使该日历价差期权交易时间曲线向下方无限延伸，使交易的理论收益也达到无限。

这里的关键在于，获得最优收益所需要买入的期权份数和卖出的期权份数的比例是多少。一方面，为了能够降低交易成本，我们依然希望买入的期权合约和卖出的期权合约数量相等。另一方面，如果股票价格往我们预期的方向运行，我们又希望获得更高的收益。虽然对这一最优比例，没有绝对唯一的答案，但市场经验告诉我们，3：2

或者 4∶3 的比例配置是一个不错的选择。

为了具体描述比例日历价差期权交易，我们将交易 1 中买入的期权合约份数和卖出的期权合约份数的比例修正至 4∶3。

交易 3：以每股 2.1 美元的价格买入 4 份 1 月到期、执行价格为 17.5 美元的看涨期权合约，同时以每股 1.15 美元的价格卖出 3 份 6 月到期、执行价格为 17.5 美元的看涨期权。这笔交易的交易成本和最大风险为 495 [=（2.1×400）−（1.15×300）] 美元。

图 13-3 是上述比例日历价差期权交易的风险示意图。

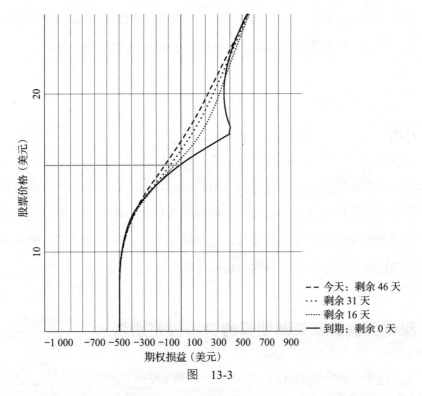

图 13-3

可以看到，在近月到期期权到期日，只要标的股票价格高于 15.6

美元，比例日历价差期权交易就可以获利。与交易 1 相比，交易盈利所对应的股票价格区间的下限仅有略微的抬升，而上限则不复存在。

　　对于交易 1 所描述的标准日历价差期权交易来说，在 6 月到期期权到期日，只有 XYZ 的股票价格等于期权的执行价格 17.5 美元时，这笔交易才能获得最大收益。虽然该交易的最大收益率达到 132%，但是一旦股票价格在近月到期期权到期日偏离 17.5 美元，标准日历价差期权交易的收益率就会迅速下滑。通过比较可以看到，交易 3 所示的比例日历价差期权交易中，在近月到期期权到期日，如果股票价格等于 17.5 美元的执行价格，那该交易的投资回报率是 81%。但是如果股价处于 17.5 ～ 21 美元，该交易的投资回报率几乎没有变化。而如果股价高于 21 美元，投资回报率将继续走高，理论上将无上限。

小结

　　如果你想构造一个日历价差期权组合，允许股价运行至交易盈利所对应的股价波动区间之外，你可以考虑将标准的日历价差期权交易修正为比例日历价差期权交易。在开始交易的时候，使得买入的期权合约份数和卖出的期权合约份数的比例为 3∶2 或 4∶3。

深度实值看跌长期期权的日历价差期权

　　这是一种特殊的日历价差期权，是通过使用看跌长期期权（LEAPS put）来构造的，目的是在预期的 9 ～ 12 个月后的股票牛市中获得收益。这类交易的杠杆效果很大，当然也需要一些特殊的保值手段。为了实现这一类型的交易，市场必须提供相关股票的看跌长期期权，该期权的执行价格必须远远高于当前的标的股票价格。如果该长期期权合约的持仓量很高，那么这对这个价差期权交易是非常有利的。读者可以就这个课题自己钻研一下。

基本策略：购买一个远期的看跌长期期权（距离合约到期还有 21 ～ 24 个月的时间），该期权的执行价格应远远高于交易初始阶段的股票价格，同时卖出一份执行价格相同的近期的看跌长期期权（距离合约到期还有 9 ～ 12 个月的时间）。

我们以两个深度实值的看跌期权构造了一个新的日历价差期权交易。

这类深度实值看跌期权的重要特征就是它们的价格里包含着相对较少的时间价值，因此，即使买入和卖出的期权合约的到期时间相差一年，它们的价格也相差无几。这将使最初构建价差期权组合的交易成本变得非常低，从而为交易者提供了非常高的杠杆。

如果这笔日历价差期权交易要获得最大收益，那么股票价格需要在经过一段时间后，在卖出的近期的期权合约到期日达到期权合约的执行价格水平。这样的话，由于卖出的近期看跌长期期权在到期日已经没有价值，而买入的远期的看跌长期期权还有整整一年的时间价值，那么交易者就可以通过立即出售这份远期看跌长期期权来获得最大收益。

如果你被迫执行近期期权合约空头所需履行的义务，那么如何维持这类价差期权中的价差收益的问题就产生了。通常这会发生在长期期权的时间价值衰减消失，且持仓量非常低的情况下。弥补的方式就是卖出你需要买入的标的股票，同时再次卖出这份看跌长期期权。这两笔交易需要在同一时间进行，这样就能以净成本为零的情况重新构造日历价差期权交易（不计交易佣金）。也就是要确保再次卖出看跌长期期权所获得的收益等于买卖股票所带来的差价。

为了描述这一由深度实值看跌长期期权构成的日历价差期权交易，我们假设股票 ZYX 的现价为 49 美元。你预计 9 个月后，ZYX 的股价会上升至 65 美元。

交易 4：以每股 19.3 美元的价格买入 1 份 2014 年 1 月到期、执行价格为 65 美元的看跌长期期权，同时以每股 17.9 美元的价格卖出 1 份 2013 年 1 月到期、执行价格为 65 美元的看跌长期期权，这笔交易的交易成本和最大风险为每股 1.4 美元。

交易成本 = 140 美元。

最大风险 = 140 美元。

图 13-4 是这笔日历价差期权交易的风险示意图。

我们发现，尽管买入的远期看跌长期期权和卖出的近期看跌长期期权的价格都非常昂贵，但以它们构成的日历价差期权交易的净成本却仅为 140 美元。

在 2013 年 1 月到期的看跌长期期权到期日，如果 ZYX 股票的价格达到每股 65 美元，则该期权价值为 0 美元，日历价差期权交易就可以获得最大收益。通过期权定价公式可以估算出买入的 2014 年 1 月到期、执行价格为 65 美元的看跌长期期权的价格为每股 8.2 美元，也就是说该价差期权交易的收益为 680（=820 - 140）美元。从图 13-4 中可以看到，该价差期权交易的收益率达到 485%。如果

ZYX 股票的价格落在 57 ～ 77 美元，那么该日历价差期权交易的收益最小也有 310 美元，对应收益率为 225% 甚至更高。如果在 2013 年 1 月到期的看跌期权到期日，ZYX 股票价格仍为 49 美元，该日历价差期权交易实现盈亏平衡。

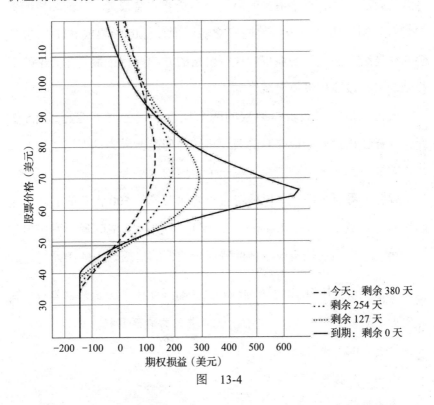

图　13-4

对角日历价差期权交易

另一种日历价差期权交易就是对角日历价差期权，在这里我们就简称为对角价差期权。对角价差期权利用不同执行价格的近期到期期权和远期到期期权构建交易组合。对角价差期权分为贷方对角价差期权和借方对角价差期权两种，我们分别来看两个例子。

贷方对角价差期权

贷方对角价差期权的基本观点是，所买入的期权的执行价格相对于卖出的期权的执行价格拥有更深的虚值状态，目的就是为了确保交易者持有的头寸有一个适当的最初交易贷方收益或者一个最坏情况下的盈亏平衡。贷方对角价差期权交易者预计标的股票或 ETF 的价格会向交易组合中卖出的期权的执行价格的方向运行，最终在卖出的期权到期日，该期权价值衰减至零。

通常，贷方对角价差期权的两个执行价格差异不应超过 2.5 美元，这样，该价差期权交易的表现将较为理想，因为这保证了贷方对角价差期权的最大风险被控制在一个合理的水平上。

现在来看一个例子：以投资对象为标准普尔 500 指数的 ETF，也叫标普存托凭证（SPDRs Trust，SPY），其执行价格的最小变化单位为 1 美元。交易初始阶段 1 份标普存托凭证的价格为 124 美元。

交易：买入 1 份 10 月到期、执行价格为 126 美元的看涨期权，同时卖出 1 份 9 月到期、执行价格为 124 美元的看涨期权，交易的贷方净收益为每股 0.25 美元。

初始贷方收益 = 25 美元。

最大风险 = 175 美元。

图 13-5 是这笔价差期权交易的风险示意图。

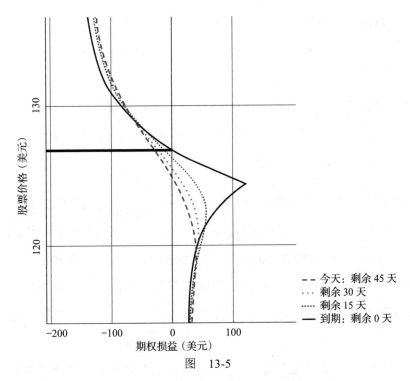

图 13-5

图 13-5 是一个典型的以看涨期权构建的贷方对角价差期权交易风险示意图。由图示估算出，在 9 月到期的看涨期权到期日，标的物标普存托凭证的价格在 126.25 美元时，该贷方对角价差期权交易达到盈亏平衡。标普存托凭证如果低于此价格水平，该价差期权交易就可以获利。如果标普存托凭证价格下跌至非常低的水平，价差期权交易的收益就等于初始贷方收益。如果标普存托凭证上行至极端高的价格，那该价差期权交易就将遭受最大风险损失。实际上，交易中可能出现的亏损远小于 175 美元的理论最大风险损失。

从另一个角度看对角日历价差期权，它其实是标准日历价差期权和一个近月到期贷方垂直价差期权的组合。以上述交易为例，考虑以下的两个交易：

日历价差期权： 买入 1 份 10 月到期、执行价格为 126 美元的看涨期权，同时卖出 1 份 9 月到期、执行价格为 126 美元的看涨期权，交易的借方净收益为每股 0.3 美元。

垂直价差期权： 买入 1 份 9 月到期、执行价格为 126 美元的看涨期权，同时卖出 1 份 9 月到期、执行价格为 124 美元的看涨期权，交易的贷方净收益为每股 0.55 美元。

同时进行上述两个交易，在日历价差期权中需要卖出的 9 月到期、执行价格为 126 美元的看涨期权与在垂直价差期权中需要买入的 9 月到期、执行价格为 126 美元的看涨期权相互抵消。抵消的结果就形成了图 13-5 所描述的对角价差期权交易。从对角价差期权的本质上说，垂直价差期权交易获得的初始贷方收益为日历价差期权交易的成本提供了所需资金。

在近月到期期权到期日，对角价差期权给价差期权交易者提供了很多交易方式。比如在上述标的标普存托凭证的交易中，如果在 9 月到期期权的到期日，标普存托凭证的价格低于 124 美元，那么被卖出的 9 月到期的看涨期权就变得毫无价值，这就使被买入的 10 月到期、执行价格为 126 美元的看涨期权可以被用来进行另一笔交易。比如，卖出一份 10 月到期、执行价格为 124 美元的看涨期权，交易者就可以进行熊市看涨价差期权交易。

当交易者利用看涨期权来构造对角价差期权交易时，需要认识到：若要价差期权交易盈利，标的股票或者标的指数的价格既可以窄幅波动也可以下跌。正如图 13-5 所示的那样，价差期权交易获得收益出现在标普存托凭证价格窄幅波动或者下跌的情况下。当交易者利用看跌期权来构造贷方对角价差期权交易时，价差期权交易将在标普存托凭证价格窄幅波动或者上涨的情况下获得利润。

借方对角价差期权

借方对角价差期权的基本观点是，所卖出的期权执行价格相对于买入的期权执行价格拥有更深的虚值状态。目的就是，在交易中，当标的股票或者 ETF 的价格往有利于被买入的期权的方向运行时，降低买入期权多头头寸的成本。

利用周度期权作为被卖出的近期到期期权来举例。标的 XYZ 的价格在缓慢上行，在 8 月中旬，价格运行至 140.8 美元。为了很好地利用这一上行趋势盈利，同时进一步降低交易成本，交易者选择进行借方对角价差期权交易。

交易：以每股 2.45 美元的价格买入 1 份 9 月到期、执行价格为 141 美元的看涨期权，同时以每股 0.4 美元的价格卖出 1 份 8 月到期、执行价格为 142 美元的周度看涨期权。该交易的借方净收益为每股 2.05 美元，卖出的周度期权将在 7 日后到期。

交易成本 $= 205 \left[= (2.45 - 0.4) \times 100 \right]$ 美元。

最大风险 $= 205$ 美元。

图 13-6 是这笔价差期权交易的风险示意图。

如果在周度期权到期日，XYZ 的价格在 141 美元和 143.5 美元之间，该借方对角价差期权交易将在 1 周内获得至少 10% 的收益。如果在周度期权到期日，XYZ 价格在 142 美元之下，那交易者可以通过继续卖出下一个周度看涨期权，来降低买入 9 月到期、执行价格为 141 美元的看涨期权的成本。当交易处于亏损时，借方对角价差期权交易的风险示意图与标准的日历价差期权交易相似，即在卖出的周度期权到期日，标的物价格过高或者过低时，借方对角价差期权交易处于净亏损的状态。利用周度期权作为被卖出的期权的好处在于，在被买入的期权的时间价值可能发生较大损失前，交易者可以及时调整头寸，规避风险。

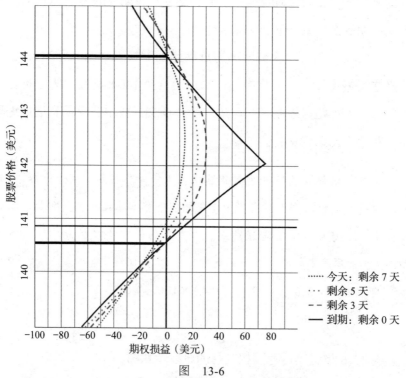

图 13-6

注：原书纵坐标由上至下第 3 个刻度值为 140，原书疑有误。

第 14 章

持保看涨期权

对于期权交易的入门者来说，持保看涨期权交易（covered call trade）可能是最先涉及的交易策略之一。通常，这类策略被人们夸大为利用期权工具赚钱的既简单又安全的手段。持保看涨期权交易也被许多经纪公司作为唯一可以在退休金账户中进行的一种期权交易，因为持保看涨期权的交易方式相对"保守"。

不幸的是，将持保看涨期权交易描述成保守型期权交易方式多少有些误导交易者。那些允许在退休金账户中只进行持保看涨期权交易的经纪人声称，直接通过退休金账户卖出裸看跌期权将承受更大的风险。卖出裸看跌期权的确包含巨大的风险，至少在这一点上他们是对的。但其实，持保看涨期权交易和卖出裸看跌期权承受同样的交易风险。本章后面的内容会继续解释这一说法。

一个最简单的持保看涨期权交易需要你持有 100 股股票并同时卖出 1 份虚值看涨期权。在这笔交易中，被卖出的看涨期权头寸由你所购买的股票头寸保护。如果期权需要被执行，你所持有的股票就要以期权的执行价格出售给看涨期权的持有者。

卖出看涨期权时的收益即是交易所得，如果你在未来决定不回购该期权。如果股票价格在看涨期权到期日高于执行价格，那么你持有的股票就会以比卖出的看涨期权合约更高的价格被买走，因此你从股票和期权上都获得了一定收益。如果在看涨期权到期日，股票价格低于合约中规定的执行价格，那么期权合约就会失去价值，而你继续持有股票头寸。在这种情况下，卖出看涨期权的收益降低了你购买股票的成本，你可以再卖出 1 份下个月的看涨期权继续滚动交易。

如果持保看涨期权交易可以成功实现每月滚动交易，那么它就可以持续为你的经纪账户带来收益。遗憾的是，这一过程并没有看起来那么简单。要真正做好持保看涨期权交易，你需要明确这类交易的内在风险，并且在每月的期权到期之前做出一些较为艰难的决策。

理想化交易过程

首先我们来分析理想化的持保看涨期权交易是如何实现的。

现在你以每股 30 美元的价格购买 100 股 XYZ 股票，总投资为 3000 美元。在之后的 7 个月中，股票价格平均以每月 9.5% 的增速上涨至每股 50 美元，总收益为 2000 美元。为了使每个月都能按照这样的增长速度获得收益，你需要卖出 1 份以 XYZ 股票为标的的看涨期权（1 份合约 = 100 股股票），执行价格高于股票价格的 10% ～ 15%。假设你以每股 1.2 美元的价格来卖出持保看涨期权，那么你每个月都能获得 120 美元的额外收益。再假设 XYZ 股票的价格在每个月期权合约到期日都没能高于对应看涨期权的执行价格，那么你就可以在这7 个月中持续持有股票，同时还可以获得额外 840（=7 × 120）美元的收入。当这个持保看涨期权交易如预期完美运行时，你就可以将投资收益从 2000 美元（67%）提高到 2840 美元（95%）。

尽管这种理想的情况确实有发生的可能，但可能性很小。这个理想交易最不现实的地方就是它要求股票价格每个月都要上涨，并且其上涨幅度要完全配合被卖出的看涨期权合约的执行价格。

现实交易

现在我们来看一个现实的、非理想化的持保看涨期权交易的例子。

在前面所述的理想化的交易中，假设 XYZ 股票价格的总体变化情况和 2003 年高通公司的股票走势相似。2003 年 5 ~ 12 月，高通公司的股票价格从每股 30 美元上涨至每股 50 美元。但是，高通公司的股票价格每个月的上升幅度和卖出的看涨期权的执行价格并不匹配，以至于投资者并不能简单地对下个月该如何操作做出决策。

假设你在 2003 年 5 月以每股 30 美元的价格购买了 100 股高通公司的股票，并同时以每股 1 美元的价格卖出 1 份 6 月到期、执行价格为 35 美元的看涨期权合约。图 14-1 所示的风险示意图描述了该笔持保看涨期权交易。从图中可以看到，无论股票价格上涨到什么程度，该交易的最大收益为 600 美元。

在 6 月到期的看涨期权到期日，由于股票价格接近 37 美元，所以你很难做出下一步的交易决策。是回购卖出的期权合约，蒙受一些损失，以便能继续持有股票还是任由期权持有人执行期权合约购买股票，自己获得每股 6（=35 – 30 + 1）美元的收益？

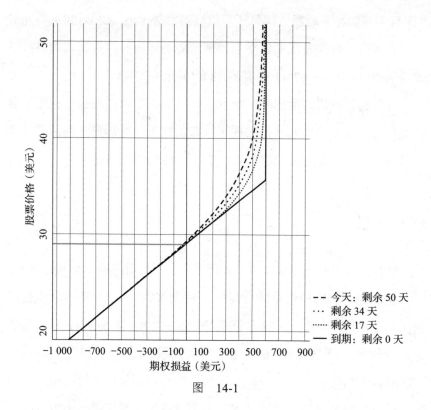

图 14-1

　　如果你决定继续持有股票，那么你就必须以每股 2 美元的价格回购已经卖出的看涨期权合约，这样期权交易产生了每股 1 美元的损失。然后你可以以每股 2 美元的价格出售 7 月到期、执行价格为 40 美元的看涨期权。在 7 月到期的看涨期权到期日，执行价格为 40 美元的看涨期权变得毫无价值，因为高通公司的股价下跌至每股 35 美元。你再次面临艰难的决策：是以每股 0.35 美元的价格卖出 1 份 8 月到期、执行价格为 40 美元的看涨期权（因你预期股票价格还会再度上涨）还是以每股 2 美元的价格出售 8 月到期、执行价格为 35 美元的看涨期权合约，以避免下个月股票价格继续下行或者仅是小幅震荡所带来的亏损？

在这笔交易的前两个月里，每个决策都是相当困难的。在今后的月份中，其他难题也会出现。尽管这些问题并不是每个月都会遇到，但是如果你想长期持有标的股票头寸，那相似的决策问题就一定会出现。这里得出的结论就是：持保看涨期权交易的实际操作没有理想状态所描述的那么直接、便捷。

持保看涨期权 vs 裸看跌期权

现在我们回到持保看涨期权交易的风险问题上，继续以高通公司的股票作为例子。在 2003 年 12 月下旬，你以每股 53 美元的价格购买了 100 股高通公司的股票，同时以每股 2 美元的价格卖出 1 份 2 月到期、执行价格为 55 美元的看涨期权，以完成股票头寸的保护。这样，你等于以每股 51 美元的成本持有了高通公司的股票，因此在这笔持保看涨期权交易中，你的最大交易风险是 5100 美元。图 14-2 所示的风险示意图描述了该交易。

当 2 月到期的期权合约到期时，如果高通公司的股票价格高于 55 美元，你所持有的股票就会被买走，这样你就获得了每股 4（=55 － 51）美元的收益。如果高通公司股票价格在期权合约到期日下跌至 45 美元，那么你就可以继续持有该股票，但你所持有的交易资产价值则会减少每股 6（=51 － 45）美元。此时，你在持保看涨期权交易中就亏损了 600 美元。

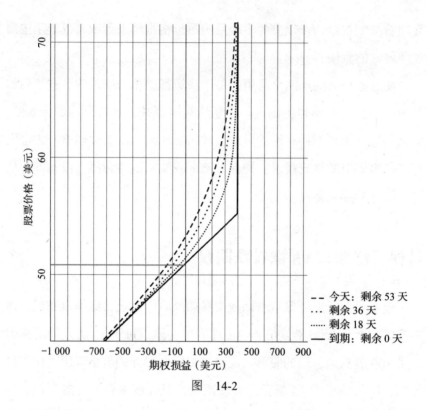

图 14-2

　　下面我们比较一下都以高通公司股票为标的的"保守的"持保看涨期权和"风险较大"的裸看跌期权。假设你以每股 4 美元的价格卖出 2 月到期、执行价格为 55 美元的看跌期权，而不是买入高通公司的股票。在这笔交易中，你所暴露的风险敞口就等于你以每股 51（=55－4）美元的价格买入 100 股高通公司的股票，也就是说你的最大风险是 5100 美元。图 14-3 是该交易的风险示意图。

　　当 2 月到期的期权合约到期时，如果高通公司股价高于 55 美元，那么你所卖出的期权就毫无价值，那么卖出期权合约所带来的收益就为每股 4（=4－0）美元。如果高通公司的股票在 2 月到期的期权到期日下跌至 45 美元，那么看跌期权就会被执行，你就需要以每股

55 美元的价格买入高通公司股票。这就意味着，最后你将会持有 100
股高通公司的股票，并且由于持有这些股票造成了每股 6（=55 − 4 −
45）美元的损失。

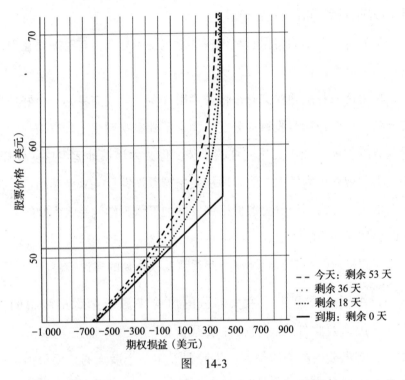

图　14-3

因此，在这两笔交易中，任何相似的情况都会导致相同的净收益
或者净损失。通过图 14-2 和图 14-3 的比较可以进一步看出这两笔交
易的相同性。无论高通公司的股票价格如何变化，卖出裸看跌期权所
产生的收益或者亏损都将与持保看涨期权交易相同。

小结

持保看涨期权交易并不真的"保守"，购买 100 股股票通常会带来较大的资金流出。如果股票价格急剧下跌，那么损失就会惨重。这笔损失等同于卖出裸看跌期权后，股票价格下跌所产生的损失。同时，持保看涨期权交易所产生的潜在收益同样是有上限的，且跟卖出裸看跌期权所获得的收益一致。

实施每月滚动的持保看涨期权交易也相当复杂，有时需要在看涨期权合约到期之前做出艰难的决策。

采用持保看涨期权交易来代替卖出裸看跌期权交易的一个好处是交易者可以参与所有股息的分配。而卖出裸看跌期权则具有减少现金投入为经纪账户放大交易杠杆的优势。你必须谨慎地运用这些杠杆，避免不明智的行为发生，例如增加卖出裸看跌期权头寸至超出合理范围的水平。因为，一旦股票价格突发性地下跌，你就会收到经纪人打来的追加保证金的电话。

下面是一些关于如何处理持保看涨期权交易的建议。

1. 由于你交易头寸中大部分的风险来源于你购买股票的支出，因此你应密切关注股票价格的变化，而把期权头寸的变化放在次要的位置。为股票设定一个适当的止损价格，一旦股价下跌至止损价下方，便通过卖出股票和回购看涨期权合约来保护你的大部分资金。不要只为了卖出看涨期权所获得的每股 0.4 美元的额外收益而继续持有正在下跌的股票。

2. 如果你已确定了即将被卖出的看涨期权的执行价格，请确保这个价格在你必须放弃继续持有股票时，不会给你带来任何交易决策上的干扰。如果你的主要目标是持有股票，就选择一个较高的执行价格。如果你希望在接近交易初始阶段股票价格的位置上卖出股票，就在该价格位置附近选择执行价格，以便带来更多现金收益。

3. 交易的时间不要太长。那些收益颇丰的长期期权看上去很诱人，但是在通常情况下，通过卖出当月到期的看涨期权合约或者是下个月到期的看涨期权合约，会有更好的收益。在如今这个多变的市场上，股票价格在 4～8 周内就有可能产生大幅波动。因此在交易中卖出近月到期期权，有助于你在必要的时候调整头寸。

4. 不要贪婪。即使股票价格在期权到期日高于执行价格，也尽量避免因回购你已卖出的看涨期权而蒙受损失，除非你有足够的理由去那么做。因为，只要你按照第二个建议确定了合适的执行价格，你就可以卖出你手中的股票以获得应有的收益。一定要避免花钱回购看涨期权之后，仍在持有股票这样的情况。若股票严重下跌，你在期权头寸和股票头寸上都将亏损。

利用周度期权构建持保看涨期权交易

持保看涨期权交易其根本目的是利用卖出短期的虚值看涨期权获得现金流入，以降低交易初始时建立股票或者 ETF 基金的多头头寸所需要的成本。在过去，这类交易通过不断卖出月度看涨期权进行。

而现在，许多股票和基金都有相对应的周度期权，为市场提供了新的交易可能性。

我们来看看通过卖出周度虚值看涨期权来构建持保看涨期权交易的一些优势：

i　连续成功地滚动卖出 4 份周度看涨期权带来的收益通常要高于仅卖出 1 份月度看涨期权。

ii　滚动卖出周度看涨期权，使交易者有更多的机会调整期权的执行价格。如果标的股票或 ETF 基金价格上涨至即将到期的周度期权的执行价格附近，那么在下一周就继续滚动卖出执行价格更高的周度看涨期权。

iii　在交易中卖出月度看涨期权时，如果在期权临近到期时，期权处于实值状态，我们通常不建议交易者回购该看涨期权。如果在交易中卖出的是周度看涨期权，就可以稍微放松这一原则。如果即将到期的、被卖出的周度看涨期权处于实值状态，你可以直接无成本滚动卖出 1 份或 2 份周度看涨期权，甚至这 2 份期权的执行价格也可以不同，这样只需再进行一周的交易。

iv　如果你卖出 1 份月度看涨期权，而标的股票或者 ETF 价格开始有显著的回撤趋势，你可能仍会试图继续持有交易头寸 2 ～ 3 周，以获取整个卖出的看涨期权的权利金收益。而如果你卖出的是周度看涨期权，在短短的一周内你就可以较快地获得权利金收益，或及时结清你持有的即将或者已经亏损的股票头寸。

v　如果选择卖出周度看涨期权，由于距离期权到期日较近，标的股票或者 ETF 基金价格在这一时间区间内大幅上涨至高于执行价格的可能性相对较小。那么我们就可以在交易中适当增加额外的杠杆，比如持有 1 份深度实值看涨期权以代替标的股票或者 ETF，以节省初始交易成本。在第 21 章"股票替代品"中会继续讨论相关内容。

卖出周度虚值看涨期权，用以建立持保看涨期权交易的缺点在于，整个交易过程需要更多的风险监控。当然，这样也可以使交易者在标的股票和 ETF 基金价格波动过程中更及时地调整头寸以规避风险。

第 15 章

跨式期权套利和宽跨式期权套利

跨式和宽跨式期权套利交易试图在股票价格向任何一个方向运行时都能获得收益。这类交易组合由一份看涨期权和一份看跌期权组成,当股票价格发生显著上涨或下跌时即可获得收益。

跨式期权套利交易

在刚开始了解跨式期权套利交易时,你会觉得这个交易模式简直是交易员的梦想。因为你会听到,使用跨式期权套利交易,你无须预测股票的运行方向。无论股票价格是上涨还是下跌,跨式期权套利交易都可以获得收益,还有什么交易方式会比这更好呢?

进行跨式期权套利交易的基本思想是:买入看涨期权和看跌期权各一份,两份期权的执行价格相同。这两份期权的到期日也应该相同,通常距离现在 2 ～ 3 个月。使用这种交易模式的原因在于:如果股票价格上升,那么看涨期权即可带来收益;如果股票价格下跌,那么看跌期权即可带来收益。这种交易模式的缺点在于，当其中的一份期权获得收益时，另一份期权就会产生一定损失。

虽然跨式期权套利交易的概念听起来很棒，但实际上利用这种交易模式来获得收益是非常困难的。要在跨式期权套利交易中获得收益，股票价格的波动幅度需要足够大，使在一份期权上获得的收益足够抵消在另一份期权上权利金的损失。如果股票价格向某个方向的变化较为适中，那交易就会产生亏损。

进行成功的跨式期权套利交易，时间是最大的障碍。记住，当你持有期权合约时，时间就是你最大的对手。在跨式期权套利交易中，你持有了两份期权，因此时间就是交易组合中两份期权共同的对手。

你迟早都会想要尝试跨式期权套利交易的。在合适的市场背景下，跨式期权套利交易可以有令人满意的收益，难点则在于能否找到符合特定标准的股票。

现在我们来看一个跨式期权套利交易的例子。

例：

在 5 月下旬，XYZ 股票价格大约在 30 美元。市场上存在一些关于 XYZ 股票的带有分歧的消息。一些报告提出警告，该公司不久将公布季度财报，公司盈利数据将大幅低于预期。另一些报告则提出，一个 XYZ 公司的竞争者正在计划高价收购 XYZ 公司的股票。

当面对这两个效果相反的重大事件时，你可以构建一个跨式期权套利交易，各买入一份看涨期权和看跌期权，两份期权的执行价格和到期时间相同。下面是交易的具体情况：

交易：以每股 2.1 美元的价格买入 1 份 8 月到期、执行价格为 30 美元的看涨期权，同时以每股 1.9 美元的价格买入 1 份 8 月到期、执行价格为 30 美元的看跌期权。

交易成本 = 400 [= (2.1 + 1.9) × 100] 美元。

最大风险 = 400 美元。

图 15-1 所示的风险示意图描述了该交易。

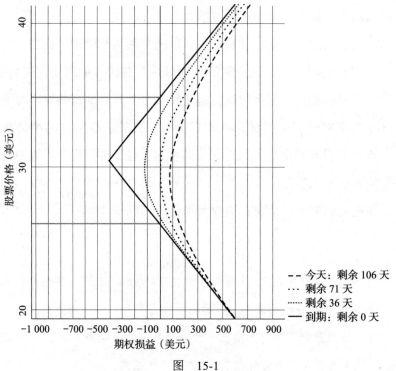

纵轴：股票价格（美元），横轴：期权损益（美元）

图例：
-- 今天：剩余 106 天
··· 剩余 71 天
⋯⋯ 剩余 36 天
—— 到期：剩余 0 天

图 15-1

现在的观点是，你不在乎 XYZ 股票的走势在这些消息下如何变化。如果 XYZ 的股票价格大幅度上升或者下降，那么你持有的期权组合中的一份期权将获得不菲的收益。这就是跨式期权套利交易最吸引人的特征，无论股票价格上升还是下跌，跨式交易都能够获得收益。

首先，我们来讨论一种针对 XYZ 股票，利用跨式期权套利交易获得盈利的理想情况。

（1）6 月中旬，XYZ 公司发布了收益预警，股价迅速下探至 25 美元。由于这次的快速下跌，8 月到期、执行价格为 30 美元的看跌期权价格上升至每股 6.2 美元。8 月到期、执行价格为 30 美元的看涨期权由于距离到期日仍有 2 个月，因此仍具有每股 0.5 美元的价格。同时卖出两份期权合约，获得总计 670 [= (6.2 + 0.5) × 100] 美元的收益，这样你就获得了 270 美元的净收益，收益率为 68%。

（2）公司没有发布收益预警，在 7 月初，有公司愿意以每股 35 美元的价格收购 XYZ 的股票。XYZ 股票价格上涨并保持在收购价格，两份期权失去大部分时间价值。8 月到期、执行价格为 30 美元的看涨期权价格在每股 5.3 美元，而 8 月到期、执行价格为 30 美元的看跌期权价格为每股 0.2 美元。同时卖出两份期权获得 550 [= (5.3 + 0.2) × 100] 美元的总收益，这样你就获得了 150 美元的净收益，收益率为 38%。

（3）偶然的情况下，你也可以在两份期权上都获得收益。当 XYZ 公司发布利润警告后，股价下挫至 25 美元，你以每股 6.2 美元的价格卖出 8 月到期、执行价格为 30 美元的看跌期权。跨式期权套利交易组合中的看跌期权部分提供了 430 [= (6.2 − 1.9) × 100] 美元的收益，从而保证了整个交易有 30 (=430 − 400) 美元的收益。同时你决定不卖出 8 月到期、执行价格为 30 美元的看涨期权，而是持有该股票期权等待后期的上涨。这一决策在几个星期后将获得回报，当对 XYZ 股票以每股 35 美元的收购计划真的发生时，你以每股 5.3 美元的价格卖出 8 月到期、执行价格为 30 美元的看涨期权。这样跨式交易组合中的看涨期权部分提供了 320［=（5.3 − 2.1）× 100］美元的收益。交易中，两份期权的总收益达到 750（=430 + 320）美元，获得了 188% 的令人欣喜的收益率。

现在我们以更现实的角度来分析，跨式期权的实际收益极有可能低于理想收益。

（1）XYZ 公司令人失望的盈利数据直到 7 月下旬才公布，股票价格下跌至 27.5 美元。但是离期权到期日仅有几周时间了，8 月到期、执行价格为 30 美元的看跌期权的时间价值已经很少了，看跌期权价值为每股 2.8 美元。8 月到期、执行价格为 30 美元的看涨期权届时仅有每股 0.2 美元。你同时卖出两份期权获得 300［=（2.8 + 0.2）× 100］美元的现金流入。这代表交易较初始投资的 400 美元亏损 100 美元，或者说亏损了原始投资的 25%。

（2）收益预警并未公布，8 月初，一项不尽如人意的收购计划公之于众，XYZ 股票收购意愿价格在 32 美元。同样，8 月到期、执行价格为 30 美元的看涨期权距离到期日仅剩几周了，看涨期权的价格在每股 2.3 美元，而 8 月到期、执行价格为 30 美元的看跌期权价格回落至每股 0.15 美元。你卖出两份期权可获得 245 [= (2.3 + 0.15) × 100] 美元的现金流入。
这代表该交易较初始投资的 400 美元，亏损 155 美元，或者
说亏损了原始投资的 39%。

（3）你带着希望等到 8 月的第二周，结果既没有关于 XYZ 公司
的盈利警告公布，也不曾有潜在的收购计划报道。在你建
立了跨式期权套利交易之后，XYZ 的股票价格维持在 30
美元附近窄幅震荡。现在，距离期权到期日已经没有多少
时间了，8 月到期、执行价格为 30 美元的看涨期权价格为
每股 0.8 美元，8 月到期、执行价格为 30 美元的看跌期权
在每股 0.6 美元。卖出两份期权你仅将获得 140 [= (0.8 +
0.6) × 100] 美元的现金流入。你的投资将亏损 260 美元，
或者说亏损了原始投资的 65%⊖。

将发生亏损的（1）、（2）、（3）与获得盈利的（1）、（2）、（3）
进行对比可以看到，跨式交易存在一些缺点。在交易中最重要的是，
任何你预期会对股票价格走势有影响的事件，其对股价的影响必须
足够大，使交易组合中两份期权中的一份能够产生较大的增值。此
外，这些事件必须在进行跨式交易后不久就要发生，以避免期权合
约损失过多的时间价值。在进行跨式期权套利交易的时候，时间价值
的损失会是普通期权交易的两倍，因为跨式交易中包含了两份期权
合约。

在跨式期权套利交易的过程中，有一个微妙的风险。如果那个

⊖ 原书疑有误，原书为 90%。——译者注

关于可能改变股票价格的事件的传言得到广泛的传播，那原先的平值期权的价格将大幅上涨，因为期权的隐含波动率显著增加了（见第 28 章 "最大痛苦理论"）。这使你构建跨式期权套利交易组合的成本显著增加，减少了你获得盈利的机会，即使预期的事件真的发生了。在前面所述的例子里，公众对 XYZ 股票的关注可能会使得 8 月到期、执行价格为 30 美元的看涨期权和看跌期权合约价格分别提高每股 0.85 美元。这将导致构建跨式期权套利交易的初始成本提高至570 美元。在这种情况下，以现实角度分析的事件就会使交易发生亏损，以理想角度分析的事件产生的盈利也会减少。

小结

成功进行跨式期权套利交易的关键在于找到符合标准的股票，这里有一些指导性原则可以参考。

（1）成功的跨式期权，要求标的股票价格充分上涨（或下跌），以抵消组成跨式期权套利的看涨、看跌期权的时间价值损失。Theta 是跨式期权套利的敌人。用期权计算器定价并构建交易，是在属意的时间范围内确定价格的必要波动以获得收益的不错的选择。

（2）识别和确定能够显著地影响股票价格的未来事件。理想的情况是，在正面消息公布后，股票会立即上涨；负面消息公布后，股票会立即下跌。我们通常考虑的事件包括盈利报告、法院判决、FDA 的裁定等。

（3）未来即将发生的事件最好距离现在仍有充足的时间，用来构建跨式期权套利交易的期权合约需要具备足够的到期日，以确保在时间窗口内有事件的发生以及价格的必要波动。

（4）未来即将发生的事件通常在市场上的关注度不应太高，尚未引起相关期权合约价格的过度波动。这可以采用几种不同的方法来判断：检查期权的持仓量和成交量；比较最新的期权隐含波动率和隐含波动率的历史均值。

（5）寻找价格走势窄幅震荡的股票，这意味着在该股票上买方和卖方正处于势均力敌的状态。当股票价格发生剧烈变化的时候（上升或下跌），期权本身能获得额外的时间价值，跨式期权套利交易的潜在收益也将增长。

在退出跨式期权套利交易的时候，也有一些指导性的原则：

（1）有些时候，在预期事件发生之前，最好就平掉跨式期权套利交易中的一个方向的期权合约。例如，对于财务盈利报告这类事件来说，股票价格在财务报告公布之前可能会急剧上涨。在这种情况下，在财务报告发布之前就卖出看涨期权获得收益，并继续持有看跌期权是非常明智的。一旦股票价格在财务报告公布之后下跌，届时交易组合中的看跌期权就可以卖出更好的平仓价格。

（2）在事件发生之后不久就尽快结束跨式期权套利交易。如果事件的确引起了股票价格的大幅波动，那么事件的发生就暂时为可盈利的那份期权合约注入了额外的时间价值。在这些额外的时间价值减少之前，卖出可盈利的那份期权合约。

（3）永远不要同时持有跨式期权套利交易的两份期权合约直到期权到期日。通常，这样操作将导致交易接近最大亏损状态。如果市场没有发生任何重大事件，股票价格也没有发生大幅波动，跨式期权套利交易将在到期日之前的 3 ～ 4 周之内，损失其大部分价值。在期权到期日之前的 3 ～ 4 周，退出跨式期权套利交易，以尽量追回你初始交易的投资成本。这就是在跨式期权套利交易中，选择期权合约的到期日时，至少选择在事件发生之后 30 日左右的原因。

宽跨式期权套利交易

宽跨式期权套利交易与跨式期权套利交易相似，只是交易组合中的看涨和看跌期权具有不同的执行价格。交易的主要理念是，用虚值期权代替跨式期权套利交易中的平值期权来降低交易的成本。实质上，这是跨式期权套利交易更激进的一种形式。

现在重新考虑前文的例，5 月下旬，XYZ 的股票价格接近 30 美元。现在用宽跨式期权来对未来预期发生的事件进行交易。

交易：以每股 0.8 美元的价格买入 1 份 8 月到期、执行价格为 35 美元的看涨期权，同时以每股 0.7 美元的价格买入 1 份 8 月到期、执行价格为 25 美元的看跌期权。

交易成本 = 150 [= (0.8 + 0.7) × 100] 美元。

最大交易风险 = 150 美元。

图 15-2 所示的风险示意图描述了该交易。

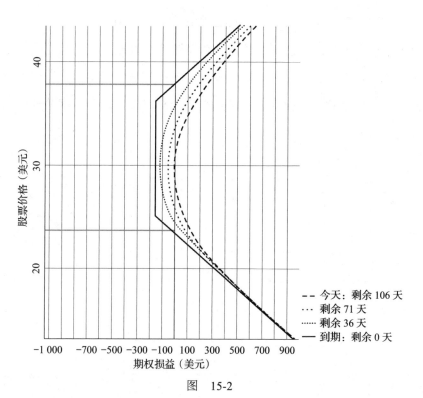

图　15-2

利用周度期权构建跨式和宽跨式期权套利交易

持有以周度期权构建的跨式和宽跨式期权套利交易组合是非常危险的。预期会影响股票价格的事件需要在较短的期权生命期中发生。如果这一事件已经为市场所知，那周度期权的价格将因时间价值而大幅上涨，使得进行跨式和宽跨式期权套利交易的成本更为昂贵。如果预期的事件没有使股票价格形成应有的大幅波动，交易组合中期权的时间价值将迅速衰减，交易将面临潜在亏损。

　　在股票价格缺乏重大事件影响的时候，卖出以周度期权构建的跨式和宽跨式期权套利交易为交易者提供了迅速获利的渠道。为了避免无限制的亏损，最好为卖出的跨式和宽跨式周度期权交易头寸提供一个反向的对冲保护头寸。比如，你可以在持有 1 份月度跨式期权套利的同时，考虑卖出 1 份周度宽跨式期权套利以降低持有月度跨式期权套利的成本。

第 16 章

股票交易的修复和加强策略

我们都有过这样的经历，当我们买入一只好的股票之后，却发现需要承受价格上显著的回撤。但我们始终偏好这只股票，并认为该股票失去的价值会部分回补。这里将介绍一种低成本的期权交易策略，能帮助你在股票价格仅恢复其部分损失价值的时候实现投资的盈亏平衡。同样的策略也可以用于加强你股票头寸上的收益，而且交易成本除了购买股票的成本外不增加额外的资金。

这种股票修复策略（stock repair strategy）是通过运用期权合约来使你的股票头寸重新回到盈亏平衡的水平。构建这种策略的目的在于，在股票价格显著低于其初始购买价格的时候，能使交易保持在盈亏平衡的状态。这种策略的吸引点在于，它不会给交易带来额外的成本（即使有也非常小），因此不会给投资者带来附加的风险。

这种策略的另外一种形式为股票加强策略（stock enhancement strategy），这种策略可以显著地提高你所购买股票的投资收益。与股票修复策略一样，股票加强策略也不需要额外的（或者仅需要很小的）成本。当股票头寸本身被更便宜的替代品（例如到期时间较长、Delta 值较高的实值看涨期权）代替的时候，股票加强策略可以起到放大杠杆的作用。

这两种策略的基本概念是一致的。我们先来讨论一下概念，并举一些例子来说明这两种策略的运用。

股票修复策略

这种策略要获得预期的效果，需要你所持有的下跌股票至少有一部分价格的反弹。股票修复策略运用期权合约来放大股价反弹效果，无须或仅需极少的成本，便可完全恢复至初始投资状态。但如果股票价格保持不变或者持续下行，这一策略就没有任何效果。

这种策略的基本交易计划就是，为持有的每 100 股股票买入 1 份平值看涨期权。同时，你需要卖出 2 份与购入的期权到期日相同的虚值看涨期权。这么做的目的是以卖出 2 份看涨期权合约的收益来支付购买看涨期权合约的成本。选择的期权到期时间要足够长，使其尽可能确保股票价格能够在这一时间段内恢复至卖出的看涨期权合约执行价格的水平。

我们通过下面的例子来描述股票修复策略。

例 1：

12 月，你以每股 35 美元的价格买入 100 股 XYZ 股票。起初价格有一定上涨，但之后价格大幅下滑，直至 3 月初回落至每股 23 美元。你还是看好这只股票，认为该股票会有所反弹，虽然离重新恢复到买入价

35 美元实现盈亏平衡还有很大的距离。我们现在来看看股票修复策略将如何提供帮助。

交易：以每股 3.3 美元的价格买入 1 份 6 月到期、执行价格为 25 美元的看涨期权合约，并以每股 1.75 美元的价格卖出 2 份 6 月到期、执行价格为 30 美元的看涨期权合约。这笔交易使你获得每股 0.2 [= (1.75×2) - 3.3] 美元的净收益。

头寸：在你的账户里，除了额外的每股 0.2 美元的现金收益外，你持有 1 份持保看涨期权组合（买入 100 股 XYZ 股票，卖出 1 份 6 月到期、执行价格为 30 美元的看涨期权）和 1 份牛市看涨价差期权（持有 1 份 6 月到期、执行价格为 25 美元的看涨期权和卖出 1 份 6 月到期、执行价格为 30 美元的看涨期权）。图 16-1 所示的风险示意图描述了该笔头寸。

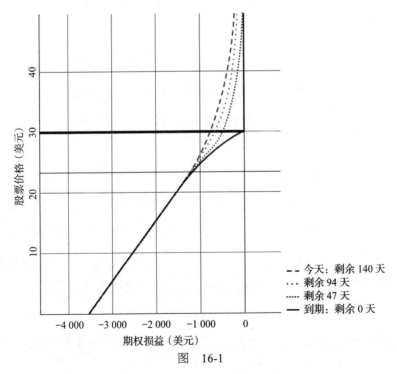

图 16-1

收益：如果在期权合约 6 月到期的时候，XYZ 的股票价格高于 30 美元，那么股票就会以每股 30 美元的价格被卖出，你就将获得每股 7 美元的收益，因为当前股票价格每股为 23 美元。同时，牛市看涨价差期权的价值为每股 5 美元。那么交易组合的总收益（包括已经兑现的每股 0.2 美元的初始收益）为每股 12.2（=7 + 5 + 0.2）美元，等同于你所持有股票的价格重新上涨至 35.2 美元。因此，尽管此时 XYZ 的股票价格比交易初始价低了 5 美元，但你已经实现了盈亏平衡，并有小幅盈利。

例 2：

12 月，当股票价格为每股 19.5 美元的时候，你购买了 100 股 YZX 的股票。现在，在 3 月初，股票价格下跌了 15% 至每股 16.5 美元。下面我们来看看在今后仅有的 10 周时间里，当股票价格仅仅上涨 6% 的情况下，股票修复策略是如何为你在盈亏平衡的基础上实现小幅盈利的。

交易：以每股 2.4 美元的价格购买 1 份 5 月到期、执行价格为 15 美元的看涨期权合约，同时以每股 1.1 美元的价格卖出 2 份 5 月到期、执行价格为 17.5 美元的看涨期权合约。这笔交易将会带来每股 0.2 ［=（1.1×2）- 2.4］美元的现金流出。

头寸：你花费每股 0.2 美元的成本，以持有 1 份持保看涨期权合约（买入 100 股 YZX 股票，同时卖出 1 份 5 月到期、执行价格为 17.5 美元的看涨期权）和 1 份牛市看涨价差期权（持有 1 份 5 月到期、执行价格为 15 美元的看涨期权，卖出 1 份 5 月到期、执行价格为 17.5 美元的看涨期权）。图 16-2 所示的风险示意图描述了该笔股票修复策略的交易头寸。

收益：在期权合约 5 月的到期日，YZX 的股票价格仅需要从目前的价格水平上升 6%，达到 17.5 美元，你就不仅可以实现盈亏平衡，还能获得小幅的盈利。你持有的股票会以每股 17.5 美元的价格被买走，那么你首先可以从每股 16.5 美元的股票头寸上获得 1 美元的收益。同时，牛市看涨价差期权交易组合的价值为每股 2.5 美元，考虑到建立股票修复策略组合时的小额花费，整个交易的净收益为每股 3.3（=1 + 2.5 - 0.2）美元，相当于股票价格上涨至每股 19.8 美元时的收益。因此，尽管在股票头寸上弥补的损失还不到亏损的 50%，但是整个交易本身已经使你实现了盈亏平衡，并获得小幅的收益。

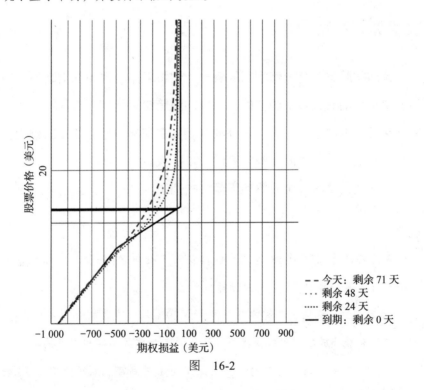

图　16-2

小结

对比例 1 和例 2 可以发现，例 1 中使用的股票修复策略在构建时就产生了部分收益，而在例 2 中使用同样的策略在构建时却增加了一定成本。产生这种差异的原因在于，两个例子中所使用的期权合约的到期时间不同（6 月和 5 月）。如果在执行这种股票修复策略时，希望不产生成本支出，或者仅产生小部分的成本，通常需要交易组合内的期权距离到期日尚有至少 2 个月的时间。期权的到期时间越长，构建股票修复策略交易组合所产生的收益就越多。

股票加强策略

运用与股票修复策略相同的概念，你将看到股票加强策略是如何显著增加你的股票投资收益的。股票加强策略运用期权合约扩大你在股票头寸上的收益，且无须额外成本。当在交易中用更便宜的替代品代替持有的股票头寸时，收益将进一步扩大。

下面我们来看一个股票加强策略的例子。

例 3：

3 月初，你以每股 58 美元的价格买入 100 股 ZYX 股票。你计划长期持有该股票，直到 75 美元的目标位。

如果你的目标实现，你的投资将获得 29% 的可观收益率。我们来看，如何在没有额外成本支出的情况下，运用股票加强策略实现更好的收益。

交易：以每股 3.7 美元的价格买入 1 份 1 月到期、执行价格为 70 美元的看涨期权，同时以每股 2.5 美元的价格卖出 2 份 1 月到期、执行价格为 75 美元的看涨期权。这笔交易产生每股 1.3［=（2.5×2）-3.7］美元的净收益。

头寸：在你的账户中，除上述额外获得的每股 1.3 美元的初始交易收益外，你持有了 1 份持保看涨期权合约（买入 100 股 ZYX 的股票，卖出 1 份 1 月到期、执行价格为 75 美元的看涨期权）和 1 份牛市看涨价差期权（持有 1 份 1 月到期、执行价格为 70 美元的看涨期权和卖出 1 份 1 月到期、执行价格为 75 美元的看涨期权）。图 16-3 所示的风险示意图描述了该笔股票加强策略的交易头寸。

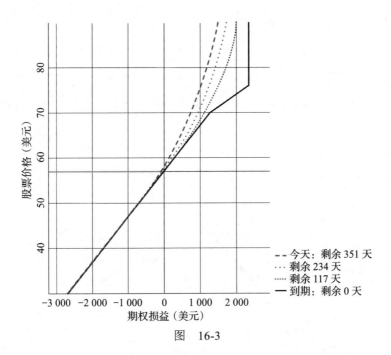

图　16-3

收益：如果 10 个月后，在 1 月到期的期权合约到期日，ZYX 的股票价格高于 75 美元，那么你持有的股票就会以每股 75 美元的价格被买走，你可以从购入价 58 美元的股票头寸上获得每股 17 美元的收益。牛市看涨价差期权那时的价值为每股 5 美元。加上初始交易时每股 1.3 美元的现金流入，整个交易的收益为每股 23.3（=17＋5＋1.3）美元，相当于股票价格上涨至每股 81.3 美元的价格时所获得的收益。交易的收益率为 41%，虽然股票实际仅上涨了 29%。

改进策略：我们可以以 19.7 美元的价格买入 1 份 1 月到期、执行价格为 40 美元的看涨期权，代替以每股 58 美元的价格买入并持有 100 股 ZYX 的股票。该看涨期权的 Delta 值为 0.87。因此，股票价格每上涨 1 美元，期权价值也就上涨接近 1 美元。在这种情况下，到了期权到期日，如果 ZYX 的股票价格高于 75 美元，那整个交易的最终收益将达到每股 21.6 [= (75 − 40) − 19.7 + 5 + 1.3] 美元。基于交易初始阶段买入 1 月到期的看涨期权所花费的每股 19.7 美元的初始交易成本，该交易的收益率为 110%。图 16-4 所示的风险示意图描述了例 3 中股票加强改进策略的交易头寸。

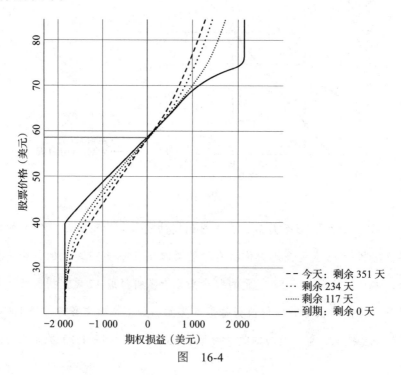

图　16-4

第 17 章

配对看跌期权

每次购买股票时，你都将你的投资本金暴露于巨大的风险中。幸运的是，在你等待股价上涨的过程中，有一种花费不多的方法可以保护你的投资本金。这种方法是用你的股票和适当的看跌期权构建一份"配对组合"（arranged marriage），以保护你的股票头寸。在期权术语中，这被称为配对看跌期权策略（married put strategy）。

一旦投资者持有了股票，就特别迫切地期待股价上涨。显然，你购入股票是因为相信它将会上涨，而且你认为上涨不久就会开始。即使是那些训练有素的投资者，也很难在购买股票后的几周内，抛售那些收益不佳的股票。因为，这意味着你在股票的选择上，或者在入场的时间点上犯了错误。所以，当你发现新购买的股票下跌时，通常你会试图说服自己，这只是暂时性的回撤，股票价格很快就会反弹。

许多投资者认为，要避免这些情况的发生，只需要建立一个止损委托，比如在股票价格低于购买价格 7% ～ 10% 的时候启动止损方案。但是止损的时候会存在两个问题：①如果股票价格受到不可预计的坏消息的影响跳跃式下跌15% ～ 20%，那你所建立的止损委托将在非常低的价格水平被执行；②在你买入股票之后不久，股价回撤至止损价位，但在股票被止损之后，股价却重新上涨15%，这样你就因过早出局而丧失了获得盈利的机会。

配对看跌期权策略提供了有效避免上述问题的方法。这一策略能使你在持有股票之后的几周内（甚至更长），无须在意股票价格是否下跌，放心地等待预期的上涨。配对看跌期权策略有一些不同的形式，这里将介绍其中最简单和最便宜的一种。

配对看跌期权策略的基本思想就是在你购买股票的同时，购买1份相应的看跌期权。通常来说，这份看跌期权将提供几周的保护，以避免这一时间段内股票价格下跌带来的损失，使你能够轻松地等待股票价格的上涨。但当看跌期权的到期日临近时，你必须决定是否继续持有股票。我们来分析几个例子，看看这些决定是如何做出的。

来看一个关于配对看跌期权运作的例子。

在8月下旬，你决定以每股31美元的价格购买100股XYZ的股票，因为你相信股票价格很快就能上涨至35美元，甚至更高。为了保护这一股票头寸，你又以每股0.8美元的价格买入了1份9月到期、执行价格为30美元的看跌期权。

交易：以每股31美元的价格购买100股XYZ股票，同时以每股0.8美元的价格购买1份9月到期、执行价格为30美元的看跌期权。

交易成本 =（100×31）+（100×0.8）= 3180美元。

最大风险 = 180美元。

图 17-1 所示的风险示意图描述了该笔配对期权交易。

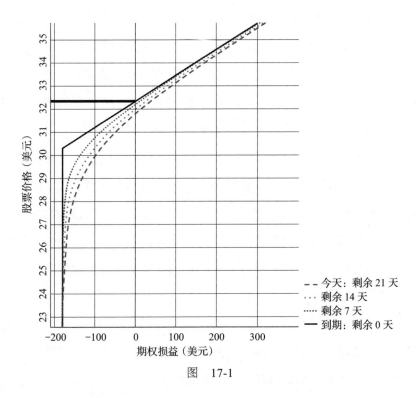

图 17-1

我们注意到，这一配对看跌期权交易组合的最大风险仅有 180 美元。如果没有看跌期权保护，那购买股票的交易最大风险就是 3100美元。

我们是如何得出这笔交易的最大风险是 180 美元的？如果在 9 月到期的看跌期权到期日之前的任何时刻，股票价格低于 30 美元，那么你就可以选择执行看跌期权，以每股 30 美元的价格卖出你持有的股票。这代表在 100 股股票头寸上，你亏损了每股 1 美元，共计 100美元。在交易初始时，你购买价值为每股 0.8 美元的看跌期权合约所花费的 80 美元，也需计入风险成本内。这样，你进行该配对看跌期权交易所需要承担的最大风险为 180（=100＋80）美元。

如果 XYZ 股票隔夜遭遇了不可预料的负面事件的影响，在随之而来的交易日跳空低开于 25 美元，那些在持有股票时并没有利用配对看跌期权作为保护的投资者马上会承受 600 美元的损失。而且，当 XYZ 的股票价格在之后的交易日继续下跌时，损失将更加惨重。你是继续持有以期待反弹，还是卖出股票止损？如果在交易开始时，你就购买了 9 月到期、执行价格为 30 美元的看跌期权，这个难题你就无须考虑了。因为你知道，你的整个交易组合不会产生超过 180 美元的损失，无论发生什么。你可以放心地等待和观察，负面消息是否被推翻，以致未来股票价格重新上涨并获得收益。

如何选择恰当的看跌期权来保护你的股票头寸呢？首先需确定期权的到期日，然后选择相应的执行价格。

在期权到期日的选择上，我的建议是，如果距离期权到期日仍有至少 3 周的时间，那就选择当月到期的看跌期权合约。如果距离期权到期日少于 3 周，那就选择次月到期的看跌期权合约。在后一种情况中，你将拥有至少 5 周，甚至可能 7 周的时间，为你持有的股票提供保护。但要避免在股票头寸的保护时间上过于延长，因为这将大幅提高购买期权的成本。这里的一般原则是，允许股票价格在 3～7 周之后朝你预期的方向运行。

在选择执行价格时，通常最佳选择是最接近，同时又低于股票购买价格的那个执行价格，正如之前例 1 所示。由于距离期权到期日不足 7 周，这样选择期权执行价格，其优势在于交易者购买期权时，只需支付期权的时间价值即可，使购买期权的花费不至于过于昂贵。例外的情况发生在股票购买价格恰好略微低于某个略高的执行价格时。

这种情况下，交易者应考虑选择这一执行价格略高于股票购买价格的期权，为股票头寸提供足够的保护。以前面的例子为例，假设 XYZ 的股票购买价格为 34 美元，那么价格为每股 1.9 美元、9 月到期、执行价格为 35 美元的看跌期权就可以更充分地保护股票头寸，以避免股票价格下跌 4 美元时所带来的风险。这里的基本思路是，在不花费过多成本购买看跌期权的前提下，在股票购买价格附近，为持有的股票提供足够的风险保障。

当用于保护股票头寸的看跌期权到期时，交易会如何变化呢？这时，你就需要为几个星期前你所看好的股票做出一个艰难的决定。在看跌期权的保护下，你曾在无须忧虑股票价格波动的情况下，测试你对买入股票的判断。现在，你必须决定是否继续长期持有该股票。

如果股票价格上涨了，那决定就相对简单。在看跌期权的到期日之前，设置一个止损委托以保护你在股票头寸上已经获得的收益。（这里提醒一下，为股票设置止损委托在这一时刻变得更有意义，因为你已具有一些收益可用于缓冲。）这使你继续持有股票以获取更多额外的收益变得较为合理。

如果股票价格下跌，你可以有两个选择：①执行看跌期权，以执行价格卖出你持有的股票；②如果你认为股票已下跌至底部，想继续持有股票，则卖出看跌期权获得部分收益，以降低你购买股票的成本。

如果股票价格处于震荡走势，你或许应该仔细考虑是否同时卖掉股票和看跌期权头寸，如果该看跌期权仍有一定价值的话。如果你决定要继续持有该股票，那你需要考虑再买入 1 份配对看跌期权。这就意味着你要在股票头寸上获取更大的收益以抵消在 2 份看跌期权上的花费，通常这不是一个很吸引人的策略。

小结

这里是配对看跌期权交易的几种不同的形式。

（1）对于价格波动更大的股票来说，你想要购买的、用于保护股票头寸的看跌期权将会非常昂贵。你可以通过使用垂直熊市看跌价差期权（vertical bear put spread）代替单一的看跌期权，这样可以减少交易成本。为了构建这个价差期权合约，买入 1 份看跌期权用于保护股票头寸，同时卖出 1 份到期日相同、执行价格更低的看跌期权以抵消买入具有保护作用的看跌期权的成本。这种做法存在一定的风险，因为垂直熊市看跌价差期权仅能为股票头寸提供有限的保护。

（2）另一种可降低购买保护股票头寸的看跌期权成本的方法是，在购入看跌期权的同时卖出 1 份看涨期权，其执行价格高于股票购买价格。这种交易组合我们称之为"双限期权交易"，其给予了交易者所需的保护，但是也限制了股票上涨时所带来的收益。我们将会在第 18 章"双限期权交易"和第 19 章"高级双限期权交易"中详细介绍双限期权交易的具体运用。

用周度期权构建配对看跌期权交易

某些情况下，你可能不是在买入股票的同时运用配对看跌期权策略的。假设你已经持有了某股票头寸并获得了不菲的收益，但是一个对股价有较大影响的特殊事件即将发生（比如说，公司将公布盈利报表、FDA 将公布批准报告、法院裁决结果即将公布等）。这时，你就需要考虑运用一个周度看跌期权来保护你的股票头寸，使你顺利摆脱这一特殊事件的影响。之后你将在一个更具优势的位置上决定你是否应该继续持有手中的股票。

如果你买入了 1 份具有较长到期时间的配对看跌期权，你可以考虑卖出 1 份执行价格较低的周度看跌期权，以降低买入到期时间较长的配对看跌期权的成本。这意味着你进行了熊市看跌对角价差期权交易。当然，你需要先确定，在周度期权到期之前，一旦你的股票价格下跌，熊市看跌对角价差期权是否能提供足够的收益来抵消股票价格下跌所带来的损失。

第 18 章

双限期权交易

双限期权交易对于保守的投资者来说具有特别的吸引力。标准的双限期权交易适用于那些计划长期持有股票，同时，运用期权工具对冲价格波动风险，并希望获得良好投资回报的投资者。双限期权交易最具吸引力的便是该类交易对本金的高度保障。

在 2008 年期间，许多股票被投资者和分析师们看好，被认为适于长期持有。不幸的是，其中的大部分在 2008 年爆发的金融危机中损失了其市值的 40% ~ 50%，甚至更高。如果这些股票通过双限期权交易进行适当的保护，那么当这些股票的价格崩盘式下跌时，损失将被控制在 10% 以内。同时，对于那些在熊市中依旧走高的好股票，即使投资者运用了双限期权交易进行对冲，仍有可能获得 15% 的年化收益。

双限期权交易适用于那些值得长期持有的股票，持有时间至少在 10 ~ 12 个月。为了构建双限期权交易，交易中持有的股票必须具备以其为标的的长期期权。正如我们在第 6 章中所提到的，长期期权距离到期日长达 2 年甚至 2 年以上。

下面我们来看一个双限期权交易的例子。

例 1：

2019 年 11 月，你认为 XYZ 股票值得在未来的 14 个月中长期持有。目前，XYZ 股票价格为每股 19 美元，并且市场具备对应的长期期权合约。

交易：花费 1900 美元买入 100 股 XYZ 股票。以每股 2.9 美元的价格买入 1 份 2021 年 1 月到期、执行价格为 20 美元的看跌期权，同时以每股 1 美元的价格卖出 2021 年 1 月到期、执行价格为 25 美元的看涨期权。买入卖出期权的净成本为 190 [＝（2.9 − 1）×100] 美元。整个交易的净成本为 2090 （=1900 + 190）美元。

图 18-1 所示的风险示意图描述了该笔双限期权交易。

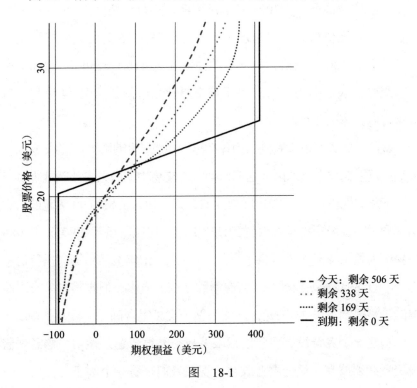

图 18-1

虽然你可以在任何时候退出交易，但该交易组合计划可使你持有至2021年1月，即组合中的期权到期日。现在我们来看一看期权到期时最好和最坏的收益情况。

当股票价格在期权到期日低于20美元的时候，交易组合收益最差。这种情况下，2021年1月到期、执行价格为25美元的看涨期权变得毫无价值，你可以执行持有的2021年1月到期、执行价格为20美元的看跌期权，以保证你的股票能以每股20美元的价格被卖出。这样你就获得了2000美元的现金流入，在该交易中，你的净亏损仅为90（=2090－2000）美元，表示该交易较最初投资仅亏损4.3%。

当股票价格在期权到期日高于25美元的时候，交易组合的收益最高。在这种情况下，2021年1月到期、执行价格为20美元的看跌期权变得毫无价值，同时市场上有人将以每股25美元的价格购买你手中持有的100股股票，你交易的净收益为410（=2500－2090）美元。交易的收益率为20%。鉴于该交易计划时间长度为14个月，折成年化收益率为17%。

从例1中我们可以看到，为什么这一由股票和期权构成的交易组合被称为双限期权交易。因为这两份期权为交易中的股票多头头寸提供了上、下限的保护。持有的2021年1月到期、执行价格为20美元的看跌期权通过保证股票在期权合约到期之前可以按照不低于20美元的价格出售，为整个交易头寸提供了保护。卖出2021年1月到期、执行价格为25美元的看涨期权减少了持有看跌期权的成本，但也将未来卖出股票的价格限制在了25美元，从而为整个交易组合确立了收益上限。

构建一个完全没有风险的双限期权交易很普遍。通常，这意味着投资者必须放弃一部分潜在收益，现在我们来看一个例子。

例 2：

与例 1 相同，你以每股 19 美元的价格买入 XYZ 的股票，并计划持有 14 个月，但你希望对该股票头寸提供更多的保护。

交易：花费 1900 美元买入 100 股 XYZ 的股票。以每股 4.5 美元的价格买入 2021 年 1 月到期、执行价格为 22.5 美元的看跌期权；同时以每股 1 美元的价格卖出 2021 年 1 月到期、执行价格为 25 美元的看涨期权。两份期权的净交易成本为 350［=（4.5−1）×100］美元。整个双限期权交易的净成本为 2250（=1900＋350）美元。

图 18-2 所示的风险示意图描述了该笔双限期权交易。

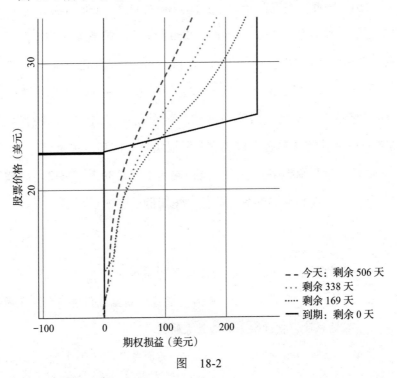

图　18-2

在这个例子中，在期权到期日，如果股票价格低于 22.5 美元，交易组合收益最差。在这种情况下，2021 年 1 月到期、执行价格为 25 美元的看涨期权变得毫无价值，而你可以执行 2021 年 1 月到期、执行价格为 22.5 美元的看跌期权，以每股 22.5 美元的价格卖出手中持有的股票。这样最终你获得了 2250 美元的现金流入，与初始交易成本相等，实现了交易的无损失退出。

当 XYZ 的股票价格在期权到期日高于 25 美元时，该双限期权交易组合的收益最好。此时，2021 年 1 月到期、执行价格为 22.5 美元的看跌期权变得毫无价值，你卖出的 2021 年 1 月到期、执行价格为 25 美元的看涨期权将被执行，你持有的股票头寸将以每股 25 美元的价格被卖出。因此，在交易结束时，你获得 2500 美元的现金流入，你在该交易中的净收益为 250（=2500 − 2250）美元。这笔交易的收益率为 11%，考虑到该交易的计划交易时间为 14 个月，折成年化收益率为 9.5%。

尽管例 2 中交易的最大潜在收益远远小于例 1，但在例 2 的双限期权交易中，本金是没有风险的。对于在投资组合中，持有大量 XYZ 股票头寸的交易者来说，本金亏损风险的控制至关重要。

如果你愿意承担多一点的风险，交易中收益的上下限就可以放得宽一点，从而提高交易的潜在收益，正如例 3 中所显示的那样。

例 3：

如之前的两个例子，我们将以每股 19 美元的价格购买 XYZ 股票，并计划在未来 14 个月里持有这些股票。但是，这里我们将会允许交易存在略多一点的风险以便换取更高的最大收益。

交易：花费 1900 美元买入 100 股 XYZ 的股票。以每股 2.9 美元的价格买入 1 份 2021 年 1 月到期、执行价格为 20 美元的看跌期权，同时以每股 0.6 美元的价格卖出 1 份 2021 年 1 月到期、执行价格为 30 美元的看涨期权。2 份期权的净交易成本为 230 [=（2.9 - 0.6）×100] 美元。整个双限期权交易的净交易成本为 2130（=1900 + 230）美元。

图 18-3 所示的风险示意图描述了该笔双限期权交易。

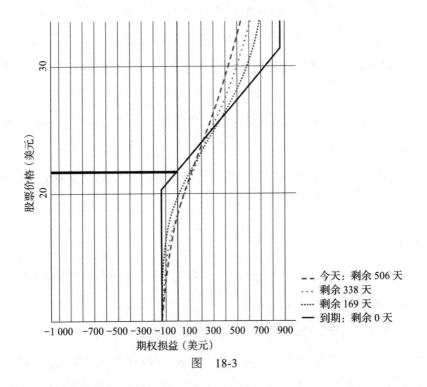

图 18-3

和例 1 一样，在期权到期日，如果股票价格低于 20 美元，该双限期权交易收益最差。在这种情况下，2021 年 1 月到期、执行价格为 30 美元的看涨期权变得毫无价值，而你可以执行持有的 2021 年 1 月到期、执行价格为 20 美元的看跌期权，以每股 20 美元的价格卖出你持有的股票。你将获得 2000 美元的现金流入，在整个交易中的净亏损为 130（=2130 - 2000）美元。这表示这笔交易相较于初始投资亏损 6.1%。

在期权到期日，当股票价格高于 30 美元时，该双限期权交易收益最佳。在这种情况下，2021 年 1 月到期、执行价格为 20 美元的看跌期权变得毫无价值，你卖出的 2021 年 1 月到期、执行价格为 30 美元的看涨期权被执行，你将以每股 30 美元的价格卖出手中的股票，从而获得 3000 美元的现金流入，整个交易的净收益为 870（=3000 − 2130）美元。以最初交易成本为基数，该交易的收益率为 41%。考虑到该交易的计划交易时间为 14 个月，折成年化收益率为 35%。

在上述的交易中，最大收益显著高于例 1 中的交易收益，但是最大损失也有所放大。

我们再次扩展例 1 的交易形式，如果将计划交易时间延长 12 个月，那会有什么不同？

例 4：

如例 1，你以每股 19 美元的价格购入 XYZ 的股票，但是你计划在未来的 26 个月中持有这些股票。

交易：花费 1900 美元买入 100 股 XYZ 的股票。然后以每股 3.4 美元的价格买入 2022 年 1 月到期、执行价格为 20 美元的看跌期权，同时以每股 2.3 美元的价格卖出 2022 年 1 月到期、执行价格为 25 美元的看涨期权。2 份期权的交易净成本为 110［=（3.4 − 2.3）×100］美元。整个交易的净成本为 2010（=1900 + 110）美元。

图 18-4 所示的风险示意图描述了该笔双限期权交易。

在期权到期日，如果股票价格低于 20 美元，该双限期权交易收益最差。在这种情况下，2022 年 1 月到期、执行价格为 25 美元的看涨期权变得毫无价值，而你可以执行 2022 年 1 月到期、执行价格为 20 美元的看跌期权，以每股 20 美元的价格卖出持有的股票。你将获得 2000 美元的现金流入，整个交易中的净亏损仅为 10（=2010－2000）美元。与初始交易成本相比，这一亏损的幅度非常小，仅为 0.5%，该笔交易几乎可以视为无风险交易。

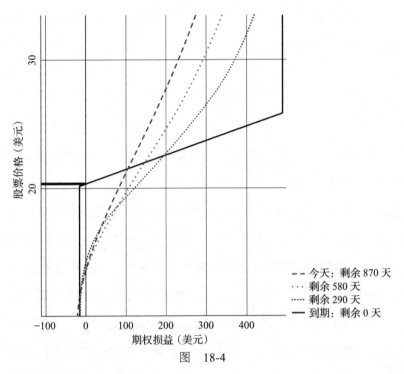

今天：剩余 870 天
剩余 580 天
剩余 290 天
到期：剩余 0 天

图　18-4

在期权到期日，如果股票的价格高于 25 美元，该双限期权交易收益最佳。在这种情况下，2022 年 1 月到期、执行价格为 20 美元的看跌期权变得毫无价值，你卖出的 2022 年 1 月到期、执行价格为 25 美元的看涨期权将被执行，持有的股票将以每股 25 美元的价格被卖出。在卖出 100 股股票之后，你获得了 2500 美元的现金流入，交易中获得的净收益为 490（=2500－2010）美元。以最初交易成本为基数，该交易的收益率为 24%。考虑到计划交易时间为 26 个月，折成年化收益率为 11%。

对比例 1 和例 4 是非常有意义的。通过对比可以看到，延长计划交易时间，可以使整个交易变得几乎没有风险，尽管年化收益率有所降低，但最大的潜在收益略有增加。对于那些保守型的投资者，例 4 中的交易形式更具有吸引力，在他们的本金几乎完全受到保护的同时仍能得到相对适中的收益。

小结

双限期权交易属于一种长期交易模式。要理解标准的双限期权交易，其关键在于认识到：对于期权到期日相同的长期期权来说，看涨期权的时间价值相对高于看跌期权的时间价值。到期时间越长，时间价值的差距越大。(这一看涨期权和看跌期权在定价上的不一致性将在本书第 30 章 "看跌期权 - 看涨期权平价关系" 中进一步讨论。) 因此，卖出 1 份虚值的、到期时间较长的看涨期权，能够提供额外的现金收入抵消买入实值看跌期权的成本。但试图构建一个交易期限少于 12 个月的双限期权交易，则往往无法达到上述例子中所描述的对冲效果。

由于标准的双限期权交易使用了长期期权合约，如果需要的话，这些期权的交易时间可以长达 22 ~ 24 个月。通过比较例 1 和例 4 可以看出，由于长期期权距离到期日时间更长，其最大潜在收益和最大亏损指标通常要好于交易时间仅为 10 ~ 12 个月的双限期权交易。交易时间为 22 ~ 24 个月的双限期权交易的最大缺点在于其限制了股票价格上涨所带来的收益。如果在 12 个月之后，股票价格已经显著高于卖出的看涨期权的执行价格，那交易者会感到不满，因为该交易组合的收益已经达到上限，但他们需要再等待 10 ～ 12 个月才能获得这一最大收益。

在双限期权交易中，我们可以通过减少看涨期权和看跌期权的执行价格之差，来降低双限期权交易的最大潜在亏损。可惜的是，这一调整同样会降低交易的最大潜在收益。被卖出的看涨期权的执行价格通常要高于买入的看跌期权的执行价格，这是双限期权交易能够产生盈利的基础。

你也可以提早退出交易，但是要获得交易组合的最大收益通常需要交易者持有期权合约直到到期。在例 1 中，如果 XYZ 的股价在期权到期日之前的 6 个月已经到达 25 美元，此时的收益仅有交易潜在最大收益 410 美元的一半。如果股票价格下跌，交易者也可提前终止交易，此时的亏损额也会略小于潜在的最大损失。

如果交易组合中的股票会分配红利，那双限期权交易的效果会更好。在例 1 中，假设 XYZ 股票年分配红利为每股 0.65 美元，这意味着 3.4% 的年化收益率，对于计划交易时间为 14 个月的双限期权交易来说，相当于 4% 的收益率。这意味着例 1 中所示的交易的最大收益率可增加至 24%，最大亏损率下降至 0.3%。

在标准双限期权交易中，所持有股票价格的波动率不宜过大，以股价大幅波动的股票为交易核心的双限期权交易不如以价格较为稳定的股票为交易核心的双限期权交易更能吸引投资者。因为，一旦股票价格的波动率增大，期权交易的净成本必定增加，从而提升了交易的潜在最大亏损值。

| *第 19 章 |

高级双限期权交易

在这一章，我们考虑对第 18 章中所讨论的标准双限期权交易进行一些修正。这些修正旨在增加收益，当然也会引入一些额外的风险。

我们先来考虑对第 18 章中的例 1 进行一些改变，引入一个高 Delta 值的深度实值看涨期权来替代股票头寸。

例 1A：

在 2019 年 11 月的时候，你想在未来的 14 个月持有 XYZ 的股票。但是你没有以每股 19 美元的价格购买 XYZ 的股票，而是购买了 1 份 2021 年 1 月到期、执行价格为 10 美元的看涨期权来代替持有股票头寸。2021 年 1 月到期、执行价格为 10 美元的看涨期权的价格为每股 9.6 美元。这是 XYZ 股票的理想代替品，因为这一头寸的 Delta 值为 0.95，并且该期权的时间价值仅有每股 0.6 [= （10 + 9.6）- 19] 美元。

交易：以每股 9.6 美元的价格买入 1 份 2021 年 1 月到期、执行价格为 10 美元的看涨期权，来代替 100 股 XYZ 股票的头寸；再以每股 2.9

美元的价格买入 1 份 2021 年 1 月到期、执行价格为 20 美元的看跌期权，以每股 1 美元的价格卖出 1 份 2021 年 1 月到期、执行价格为 25 美元的看涨期权。3 份期权构成的交易净成本为 1150〔＝（9.6＋2.9－1）×100〕美元。

图 19-1 是上述双限期权交易的风险示意图。

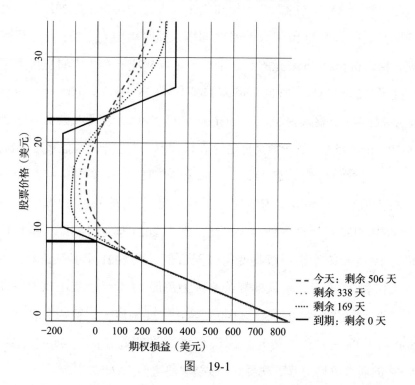

图　19-1

对于这个双限期权交易来说，最坏的情况描述起来并不简单，因为原先的股票头寸由期权头寸代替了。在期权到期日，如果股票价格低于 20 美元但高于 10 美元，那么调整后的双限期权交易就会处于最大损失状态，如图 19-1 所示。在这种情况下，2021 年 1 月到期、执行价格为 25 美元的看涨期权变得毫无价值，而 2021 年 1 月到期、执行价格为 10 美元的看涨期权和同样到期日、执行价格为 20 美元的看跌期权的总净值为每股 10 美元。这两个头寸仍具有 1000 美元的价值，因此这笔交易中我们的损失为 150（=1150 − 1000）美元。这表示这笔交易相较于原始投资损失了 13%。

如果在期权到期日，股票价格高于 25 美元，那 2021 年 1 月到期、执行价格为 20 美元的看跌期权将失去价值。而持有 1 份 2021 年 1 月到期、执行价格为 10 美元的看涨期权，同时卖出 1 份 2021 年 1 月到期、执行价格为 25 美元的看涨期权，正好构成一个牛市看涨价差期权交易，这时交易头寸的价值为 1500 [=（25 − 10）×100] 美元。双限期权交易净收入为 350（=1500 − 1150）美元。这代表该交易达到了 30% 的收益率。鉴于该交易进行了 14 个月，折成年化收益率为 26%。

令人觉得非常有趣的是，在期权到期日，这笔交易将在股票价格大幅低于 10 美元的情况下，达到最大收益（见图 19-1）。假设 XYZ 的股票价格下跌至 3 美元，那么 2021 年 1 月到期、执行价格为 10 美元的看涨期权将变得毫无价值，而 2021 年 1 月到期、执行价格为 20 美元的看跌期权价格则为每股 17 美元。卖出该看跌期权获得 1700 [=（20 − 3）×100] 美元的现金流入，整个交易获利 550（=1700 − 1150）美元。这代表该交易的收益率为 48%。如果 XYZ 的股票价格继续下跌至 0，收益率将上升至 74%。

下面我们来考虑第 18 章中例 1 的另一种变化，我们将在交易中引入一些短期风险，以相应地减少整个双限期权交易的初始成本。

例 1B：

在 2019 年 11 月，你以 19 美元的价格买入 XYZ 公司的股票，并决定持

　　有该公司股票 14 个月。与标准的双限期权交易不同，我们这次额外卖出 1 份短期的看跌期权，与原先仅卖出 1 份长期看跌期权相比，可降低交易成本。

　　交易：花费 1900 美元买入 100 股 XYZ 公司的股票。以每股 2.9 美元的价格买入 2021 年 1 月到期、执行价格为 20 美元的看跌期权，同时以每股 1 美元的价格卖出 2021 年 1 月到期、执行价格为 25 美元的看涨期权。除此之外，再以每股 0.7 美元的价格卖出 1 份 2019 年 12 月到期、执行价格为 17.5 美元的看跌期权。3 份期权的交易净成本为 120 [= (2.9 - 1 - 0.7) × 100] 美元。整个交易的总成本为 2020（=1900 + 120）美元。

　　图 19-2 是上述双限期权交易的风险示意图。

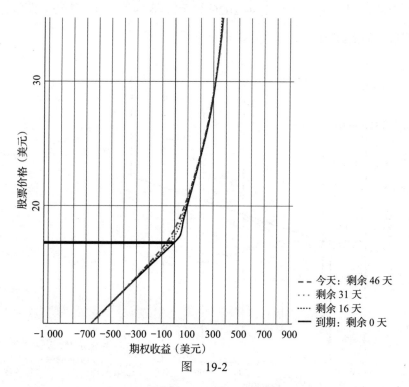

　　　　图 19-2

这里的基本思想是通过卖出 2019 年 12 月到期、执行价格为

17.5 美元的看跌期权来获得短期期权合约的权利金。2021 年 1 月到期的看跌期权则作为 2019 年 12 月到期的短期看跌期权的对冲，以避免股价下跌时带来的损失。当然，这就意味着，在 12 月到期的期权到期日之前的 6 周时间内，2021 年 1 月到期的看跌期权无法完整保护 100 股 XYZ 股票的多头头寸。图 19-2 显示了这部分增加的、在股票价格下跌时所产生的风险。在这种情况下，在 12 月到期的看跌期权到期前，为整个交易组合设置好止损是一种明智的选择。

假设 2019 年 12 月到期、执行价格为 17.5 美元的看跌期权在到期日价值归零，那么调整过的双限期权交易就重新变成了标准双限期权交易，但交易成本降低至 2020 美元，图 19-3 是 12 月到期期权到期日之后的双限期权交易的风险示意图。

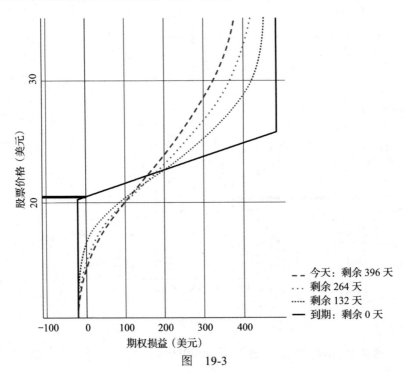

图 19-3

对于这个升级过的双限期权交易来说，在 2021 年 1 月的期权到期日，最坏的情况下，整个交易组合将仅亏损 20（=2020 - 2000）美元，如图 19-3 所示。这代表在降低了交易初始成本之后，该双限期权交易的最大亏损率仅为 1%。

在这个双限期权交易中，由于我们获得了卖出 2019 年 12 月到期、执行价格为 17.5 美元的看跌期权的权利金，整个交易的最大潜在收益有所提高。如果在 2021 年 1 月到期的看涨期权到期日，XYZ 的股票价格高于 25 美元，那双限期权交易的净收益就为 480（=2500 - 2020）美元。这意味着该交易的收益率为 24%。

当然，这一升级的双限期权交易的缺点是，在 2019 年 12 月到期、执行价格为 17.5 美元的看跌期权到期日之前，在这 6 周的时间里，整个双限期权交易头寸有一定的风险敞口。如果 XYZ 的股票价格在 2019 年 12 月到期的期权到期日仅仅是略低于 17.5 美元，或许可以通过将该到期期权展期至 2020 年 1 月到期、执行价格为 15 美元的看跌期权上，以降低损失。

现在，我们继续考虑对双限期权交易进行另一种调整，通过这种调整，交易者的潜在收益将没有上限，而风险仅有少量的增加。这一交易策略需要交易者买入超过 100 股的标的股票。这个交易组合的基本思想是针对持有的股票卖出数量较少的看涨期权，使部分股票头寸可以从股价的上涨中获得无上限的收益。

例 1C：

在 2019 年的 11 月，你以每股 19 美元的价格买入 400 股 XYZ 的股票，并有意向持有该头寸 14 个月。在标准双限期权交易中，我们买入的看跌期权数量与持有的 400 股股票头寸完全匹配。但我们现在只卖出 3 份看涨期权用来对冲 300 股的股票多头头寸。这一交易组合方式将使交易者手中的 100 股股票在缺少相对应的卖出的看涨期权的对冲下，保持没有上限的收益。

交易：以每股 19 美元的价格买入 400 股 XYZ 的股票，价值为 7600 美元。以每股 2.9 美元的价格买入 4 份 2021 年 1 月到期、执行价格为 20 美元的看跌期权，同时以每股 1 美元的价格卖出 3 份 2021 年 1 月到期、执行价格为 25 美元的看涨期权。交易的初始成本为 8460 [=7600＋（2.9×400）−（1×300）] 美元。

图 19-4 是例 1C 中双限期权交易的风险示意图。

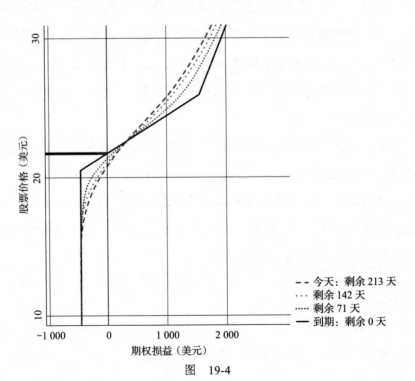

- - 今天：剩余 213 天
····· 剩余 142 天
········ 剩余 71 天
—— 到期：剩余 0 天

图 19-4

该交易中，当股票价格在期权到期日低于 20 美元时产生最大亏损。届时，3 份 2021 年 1 月到期、执行价格为 25 美元的看涨期权将变得毫无价值，而你可以执行 2021 年 1 月到期、执行价格为 20 美元的 4 份看跌期权，从而以每股 20 美元的价格卖出你的 400 股股票。你将获得 8000 美元的现金流入，而整体交易亏损将为 460（=8460 - 8000）美元。这表示该交易较最初的投资亏损 5.4%。

交易组合最好的情况便是那没有与卖出的看涨期权对冲的 100 股股票价格大幅上涨时所能带来的无上限收益。比如，如果在期权合约到期时，股票价格为 32 美元，那 4 份 2021 年 1 月到期、执行价格为 20 美元的看跌期权将变得毫无价值，同时一些人会执行那 3 份 2021 年 1 月到期、执行价格为 25 美元的看涨期权，这样你所持有的 300 股股票将以每股 25 美元的价格卖出。而剩下的 100 股股票就可以以 3200 美元的价格卖出。这样交易的净收益为 2240［=（25 × 300）+（32 × 100）- 8460］美元。这样，该双限期权交易的收益率就达到了 26%。由于该交易进行了 14 个月，折成年化收益率为 23%。

这里需要强调的是，那 100 股不设对冲的股票可以在期权到期日之前的任何时候卖出，如果股票价格已升得足够高的话。如果这 100 股股票被卖出，交易组合中的 1 份看跌期权的保护头寸就显得多余了，我们无须考虑它当时的价值可直接平掉头寸。

小结

标准双限期权交易的一个常用的修正交易方式是连续卖出月度看

涨期权以代替卖出长期看涨期权。我们可以把这种交易方式看作在交易中为持有长期看跌期权而进行的分期付款，即每个月，通过获得卖出月度看涨期权的权利金不断地抵消持有长期看跌期权的成本。这种方式也给交易者提供更多合理调整卖出的期权头寸的执行价格的机会。同样，这也给交易者提前终止双限期权交易提供了可能，因为你不需要等到长期期权到期就可以获得显著的收益。

以连续卖出短期看涨期权来分期抵消持有长期看跌期权的成本，这种方式可以进一步延伸至那些具有周度期权衍生品的股票和 ETF 基金上。虽然卖出每个周度期权所获得的权利金相对较小，但以周计的现金流入将在较短的时间内显著降低持有长期看跌期权的成本。在这种情况下，我们可以用距离期权到期日 6 ～ 9 个月的看跌期权来代替长期看跌期权，使交易者更容易在获利后提前结清交易头寸。

第 20 章

裸期权立权

只要你学习期权，总有一天你会关注裸期权立权（naked option writing）。虽然这种交易策略能够带来回报，但在尝试这种交易策略之前，你要清楚地认识到卖出裸看涨期权（naked calls）和裸看跌期权（naked puts）所蕴含的风险。

"裸露"一词在《芬克与瓦格纳词典》中被定义为"没有担保的……"，这个定义用于描述裸期权尤为恰当。当你卖出看涨期权合约或者看跌期权合约时，没有任何补偿性头寸来保护这个期权空头头寸，你的交易头寸就被称为"裸露"。如果在你的经纪账户中拥有一个空头裸看涨期权合约或者裸看跌期权合约，那么你的账户就会被暴露在巨大的风险下。因此，当标的证券价格开始朝你预期的相反方向变动时，你必须做好管理这类交易策略的准备。

在 20 世纪 90 年代后期，一些所谓的投资专家建议投资者说，获取巨额财富的捷径就是卖出虚值裸期权合约（out-of-the-money naked option）。他们辩解说绝大多数虚值期权合约在每个月到期时都会变得一文不值，所以这种操作的风险是很小的。实际上，这是由于当时科技股价格暴涨，纳斯达克指数一路飙升，从而使得越来越多的看跌期权合约在到期时变得毫无价值，因此他们强调要卖出看跌期权合约。2000 年网络泡沫的破灭给这些投资专家和他们的追随者带来了灾难性的后果，他们在裸看跌期权合约头寸上遭受了巨大的损失。

因为多数经纪公司禁止在退休金账户中为裸期权立权，所以上述问题似乎和这些只交易退休金账户的交易员毫无关系。令人觉得有趣的是，大多数经纪人却被允许在退休金账户中使用持保看涨期权策略，而持保看涨期权具有和裸看跌期权立权一样的风险。在第 14 章"持保看涨期权"中已经证明过这一点。

这一章的主要目的在于让读者认识到卖出裸看涨期权和裸看跌期权的潜在风险和潜在收益是相同的。现在我们从裸期权立权的风险开始。

裸期权立权的风险

我们经常听到这样一种说法，卖出一份裸期权合约就是将自己置于"无限的风险"之中。虽然从字面上讲这种说法是不正确的，但是这类交易的确存在巨大的风险，足以给你的经纪账户带来严重的损失。为了更真实地描述此类交易中风险的严重性，我们来看一些现实市场中的案例。在这些案例里，交易员因为卖出裸期权合约而遭受严重的损失。

例 1：裸看跌期权

2004 年 6 月初，随着 6 月 9 日发布业绩报告日期的临近，豪威科技

（OVTI）[⊖]股票价格稳步上涨。很多分析师预测这家备受瞩目的公司会延续以往优异的业绩，公司利润将保持增长。6 月 8 日，股票价格略高于 25 美元，此时以每股 1 美元的价格卖出一些 6 月到期、执行价格为 25 美元的裸看跌期权合约对投资者来说是有吸引力的。

假设在 6 月 8 日，你卖出了 5 份 6 月到期、执行价格为 25 美元的裸看跌期权合约，这笔交易为你的账户带来 500 美元的现金收入。这笔现金收益似乎赚得很容易，因为股票价格看起来将继续上涨，至少在良好业绩的支持下，股票价格能够保持不变。另外，这些期权合约将会在一个半星期后于 6 月 18 日到期，这就意味着你不用等待很久就可以赚取这 500 美元的现金收入。图 20-1 所示的风险示意图描述了 6 月 8 日进行的这笔交易。

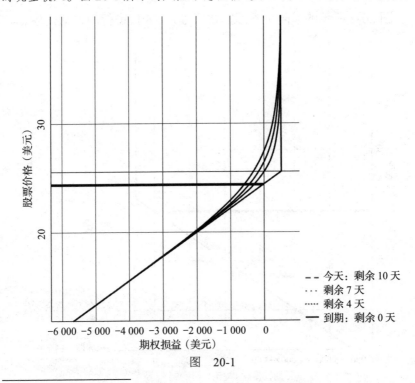

图　20-1

⊖　豪威科技（OVTI）：美国半导体设备公司。——译者注

6月8日市场收盘后，OVTI公司发布了这样一则声明：由于需要进行内部审计并调整过去几年的业绩报表，发布业绩报告的时间推迟至6月23日。6月9日，股票开盘价为19美元，然后股价一路下跌。到6月18日期权到期时，股票价格跌至每股15.5美元。此时，你需要在两种令人不快的选择间做出决定：①以每股9.5美元的价格回购已经卖出的5份看跌期权合约；②接受卖出看跌期权合约带来的以每股25美元的价格购买500份股票的义务。不论发生哪种情况，你经纪账户的资金都会减少4250美元。导致这笔交易巨幅亏损的原因在于6月25日到期的看跌期权合约空头头寸是裸露的。这些期权空头头寸并没有其他头寸作为保护来降低风险。

图20-2所示的风险示意图描述了6月18日进行的这笔交易。

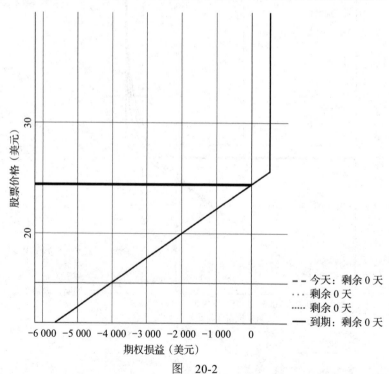

图 20-2

例 2：裸看涨期权

2004 年 6 月初，会上厂商（CYBX）股票的交易价格为每股 18 美元。市场上流传着关于会上厂商公司这样一则流言：FDA 可能会否决这家公司研发的、可用于治疗抑郁症的植入式医疗器械。此时，6 月到期、执行价格为 20 美元的裸看涨期权合约交易价格为每股 3.5 美元。因为分析师预测即使这种植入式医疗器械获得许可，股票价格也仅会小幅上升几美元，所以出售一些裸看涨期权合约可能是有利可图的。

假设在 6 月 10 日，你卖出了 3 份 6 月到期、执行价格为 20 美元的裸看涨期权合约，这笔交易为你的账户带来了 1050 美元的现金收入。

图 20-3 所示的风险示意图描述了 6 月 10 日进行的这笔交易。

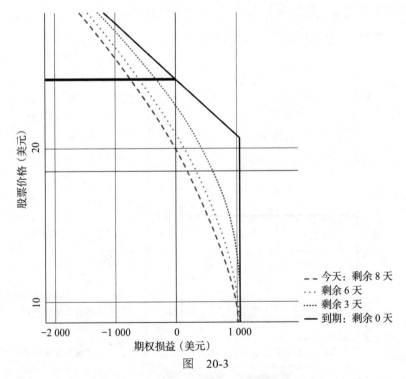

图 20-3

今天：剩余 8 天
剩余 6 天
剩余 3 天
到期：剩余 0 天

股票价格（美元）
期权损益（美元）

○ 会上厂商（CYBX）：美国医疗设备公司。——译者注

在 6 月 15 日市场收盘后，距期权合约到期日还有 3 天的时间，会上厂商发布了这样一则声明：植入式医疗器械已经获得 FDA 调查组的许可。发布声明的第二天，股票开盘价格为 31 美元。到了期权合约到期日的 6 月 18 日，股票价格已上涨至 37 美元。此时，你需要在两种令人不快的选择间做出决定：①以每股 19 美元的价格回购已经卖出的 3 份看涨期权合约；②等到看涨期权合约在下星期一到期时，以每股 37 美元的价格（甚至更高的价格）购买 300 份会上厂商股票。不论发生哪种情况，你的经纪账户都会迅速减少 4650 美元。

再一次地，导致这笔交易巨额亏损的原因在于 6 月到期、执行价格为 20 美元的看涨期权合约空头头寸是裸露的。这些期权空头头寸并没有其他头寸作为保护来降低风险。

图 20-4 所示的风险示意图描述了 6 月 18 日进行的这笔交易。

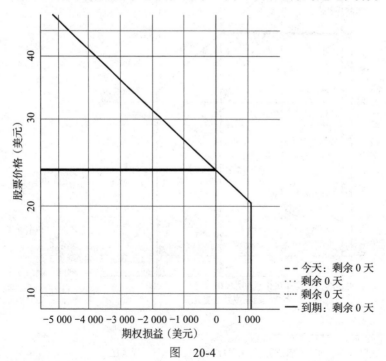

图 20-4

现在你已经充分意识到裸期权立权的危险性，下面我们来分析一个案例，在这个案例中，裸期权立权可以作为一个值得接受的交易策略。

通过裸看跌期权合约来购买股票

本节我们将介绍如何使用裸看跌期权合约实现以合理的价格购买绩优股票。下面通过一个例子来说明这种策略。

例 3：

假设你对 XYZ 公司的股票进行了详尽的调研。你相信在未来购买 200 股这只股票将会成为一笔合理的投资。XYZ 公司股票当前价格是每股 31 美元，尽管你已做好以此价格购买股票的准备，但如果能够以更低的价格获得股票当然是更好不过了。

你注意到即月执行价格为 30 美元的看跌期权合约价格为每股 1.25 美元。如果你卖出 2 份这种裸看跌期权合约，那么这会给你的经纪账户带来 250 美元的现金收入。因为这 2 份看跌期权合约是裸露的，所以在必要的情况下，你必须做好以每股 30 美元的价格购买 200 股股票的准备。由于你早已做好以每股 31 美元购买股票的准备，所以这笔交易是可以接受的。

在即月期权合约到期的时候，我们需要思考两种可能的结果。

（1）如果 XYZ 公司股票价格高于 30 美元，那么看跌期权合约空头头寸在到期时已毫无价值，你可以赚取 250 美元。此时如果你认为 XYZ 公司股票仍然是值得投资的，你可以在接下来的月份重复这个交易过程，直到你发现更值得投资的股票。

（2）如果 XYZ 公司股票价格低于 30 美元，那么看跌期权合约空头头寸将会被执行，你需要以每股 30 美元的价格购买 200 股股票。因为你已经从出售看跌期权合约中获得了每股 1.25 美元的收益，所以你现在购买这只股票的实际成本相当于每股 28.75 美元。

如果 XYZ 公司的股价回落至 29 美元，你仍然会以相当于每股 28.75 美元的价格购买股票。我们发现，当你一开始就做出将会购买这只股票的决定时，裸看跌期权交易策略比直接以每股 31 美元的价格购买股票的投资效果更好。

小结

卖出裸期权合约时，采取适当的止损措施是明智的选择。卖出裸期权合约的止损措施和你买入或者卖出股票时所采用的止损措施是相同的。在上述的例子中，当你卖出裸看跌期权合约时，如果 XYZ 的股票价格为每股 31 美元，那么你心里的止损价位应该是 28 美元，这代表着股票价格出现 10% 的回落。当 XYZ 的股票价格下跌至每股 28 美元时，你可以以每股 2.6 美元的价格回购裸看跌期权，这意味着损失为每股 1.35（=2.6 - 1.25）美元。如果以每股 31 美元的价格购买股票，那么损失将会是每股 3 美元，通过出售裸看跌期权来购买股票将有效提高你的投资效果。

第 21 章

股票替代品

在本章里，你将学习到一些使用期权作为股票替代品的方法。通过正确地选择期权合约的头寸，能够十分近似地复制标的股票或者 ETF 基金。这些股票替代品的主要优势在于，它们比实际持有股票或者 ETF 基金要便宜得多。这些股票替代品也有缺陷，我们将在下面的章节展开讨论。

匹配股票 Delta

从第 4 章"希腊字母"中，我们认识到持有股票多头的 Delta = 1。因此，任何能实现 Delta = 1 的期权组合都可以模拟标的股票的价格运动。尤其是由平价看涨期权多头和平价看跌期权空头构成的期权组合，这种组合的净 Delta 值通常是接近 1 的。

在某些情况下，用 Delta 值接近 1 的期权头寸足以粗略地模仿股票价格的表现。例如，一个 Delta 值大于或等于 0.8 的深度实值看跌期权合约空头或深度实值看涨期权合约多头能够实现对股票的有效复制。

合成股票多头

一份平价看涨期权合约多头的 Delta = 0.5，而一份平价裸看跌期权合约空头的 Delta = −(−0.5) = 0.5。当同时持有这两份执行价格相同的平价看涨期权合约多头和平价看跌期权合约空头作为一个组合时，这个期权组合的 Delta 值为 1 [=0.5 −(−0.5)]。因为股票多头的 Delta 值等于 1，所以这种期权合约组合被称为合成股票。（因为一份期权合约包含 100 股股票，所以这个期权组合实际代表 100 股股票多头头寸。）

净成本几乎为零使得这种期权组合特别具有吸引力。卖出裸看跌期权合约所获得的权利金收入几乎等于建仓看涨期权多头的成本。

虽然合成股票头寸的净成本近乎零，但仍存在一些相关的限制。因为持有裸看跌期权合约空头，你的经纪人会要求你缴纳一些保证金来维持这个头寸。但是这笔保证金通常远低于实际持有股票的成本。经纪公司对保证金的要求是不同的，通常的原则是标的股票（或指数）价格的 25%。如果是实值期权合约，则需要加上期权合约的价格。如果是虚值期权合约，保证金数额还需要再减去虚值期权合约的执行价格与股票价格的差额部分。

现在通过一个例子来解释合成股票多头。

例 1：

6 月初，XYZ 股票价格为每股 76 美元。在接下来 3 个月里，为了从股票的行情中获利，我们选择交易 10 月到期的期权合约。此时与股票价格最接近的执行价格为 75 美元。下面我们来构建合成股票头寸进行交易。

交易：以每份 4.5 美元的价格购买 1 份 10 月到期、执行价格为 75 美元的看涨期权合约，同时以每份 2.7 美元的价格卖出 1 份 10 月到期、执行价格为 75 美元的看跌期权合约，从而组合的净成本为每股 1.8 美元。

成本 = 180 美元。

最大风险 = 本质上和股票持有者的最大损失相同。

这个合成股票头寸由执行价格为 75 美元的期权合约组成。这就意味着合成股票所有的收益和损失都以 75 美元为基准。当 XYZ 股票当前的价格为 76 美元时，理论上合成股票的成本为每股 1 美元。而合成股票的真实成本为每股 1.8 美元，这里多出的每股 0.8 美元代表了持有这个头寸的时间价值。

图 21-1 所示的风险示意图描述了这笔交易。

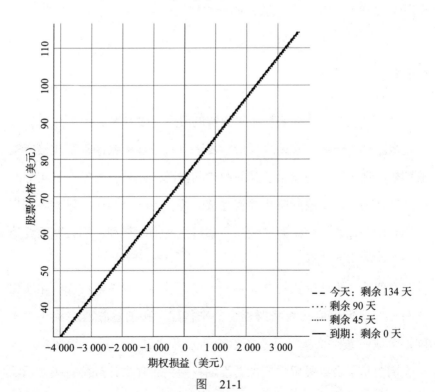

图　21-1

为了计算上述交易所需的保证金，需要注意到这个裸看跌期权为虚值期权，其股票当前的价格与执行价格之间的差值为 1 美元。因此，交易所需的保证金数额为 XYZ 股票价格的 25%，加上 10 月到期、执行价格为 75 美元的看跌期权合约价格，再减去期权合约虚值部分的差额。在这个例子中，一份合约所需的保证金应为 2070 ¦ = ［（ 0.25 × 76 ）+ 2.7 − 1］× 100 ¦ 美元。合成股票所需的 2070 美元保证金明显少于持有 100 股股票所需的 7600 美元的资金成本。我们注意到合成股票所需的保证金数额是不固定的，它每天都会随股票和期权合约价格的变化而变化。

从图 21-1 中我们可以看到，这笔交易的损益情况完全等同于以每股 76.8 美元的价格买入股票的损益情况。

小结

合成股票有一些缺陷。如果真实的股票分发红利，那么这种替代品就得不到一分钱。如果股票价格暴跌以至于裸看跌期权变成极度实值期权，那么就有可能出现提前履约的情况。并且，当签订了实际的股票转让书时，合成股票头寸就已被分解。另一个小缺陷是，当期权合约到期时，如果你想要继续从股票价格变动中获利，那么就需要建立一个新的合成头寸。

类似地，股票空头的合成头寸可以通过买入看跌期权合约和卖出具有相同执行价格的看涨期权合约来构建。和创建股票空头头寸不同，合成股票空头头寸几乎不会有现金收入流入你的经纪账户。另外，需要基于合成股票中的裸看涨期权空头头寸来计算持有头寸所需的保证金的数额。

深度实值看跌期权

深度实值裸看跌期权空头的 Delta 值接近 1。这使得此头寸能够作为股票的可行替代品。随着股票价格的上涨，直到股票价格接近看跌期权合约空头头寸的执行价格之前，深度实值裸看跌期权合约都能捕捉到股票价格每一美元的变动。这种股票替代品一个极具吸引力的特点在于，通过卖出价格昂贵的看跌期权能够给你的经纪账户带来可观的现金收入。这笔现金留在你的账户上能够产生利息收入。

这种裸看跌期权空头头寸要求你的经纪账户中有一定数额的保证金，但数额远没有持有真实的股票所需的资金那么多。这种股票替代品的一个重要缺陷在于提前履约发生的可能性。尽管一份裸看跌期权合约距离它的到期日还有很长一段时间，但当它维持在深度实值看跌期权状态时，其价格几乎不包含任何时间价值。这种情况会促使提前履约的发生。如果被要求履约，你随时可以重建这个看跌期权空头头寸。但是经历多次履约后，会使重建头寸变得烦琐，而佣金成本不断增加也会使得重建头寸变得更加昂贵。避免这种情况的最好方法就是选择执行价格的溢价程度不是太高的深度实值期权合约，也就是说看跌期权合约的价格包含一些时间价值。同时还要注意未平仓期权合约的数量，如果未平仓期权合约数量很多，那么提前履约的可能性就会降低。

下面我们来分析一个例子。

例 2：

6 月初，XYZ 的股票价格为每股 76 美元。在接下来 3 个月里，为了能够从股票的上涨行情之中获利，我们选择卖出 10 月到期的看跌期权合约。

交易：以每股 14.8 美元的价格卖出 1 份 10 月到期、执行价格为 90 美元的看跌期权合约。

收入＝1480 美元。

最大风险＝本质上和股票持有者的最大损失相同。

我们注意到这份期权合约包含每股 0.8［＝(76＋14.8)－90］美元的时间价值。合约时间价值的存在和充足的未平仓期权合约（比如说有至少 300 份未平仓合约）意味着提前履约几乎没有可能发生。

图 21-2 所示的风险示意图描述了这笔交易。

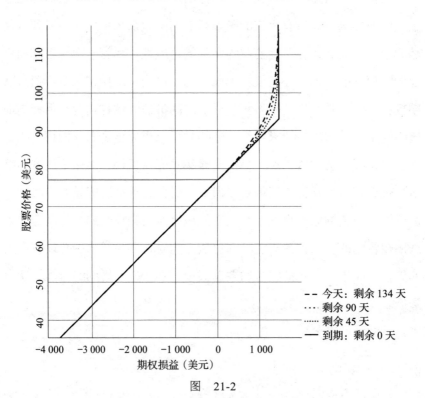

图 21-2

为了计算这笔交易所需的保证金数额，我们需要注意到交易中的裸看跌期权是实值的。因此，所需保证金为 XYZ 股票价格的 25% 加上 10 月到期、执行价格为 90 美元的看跌期权合约价格。在这个例子中，每份合约所需保证金应为 3380 ｛ = [（0.25 × 76）+ 14.80] × 100｝美元。实际上，这笔交易所需保证金数额没有 3380 美元那么多，因为卖出看跌期权合约所带来的 1480 美元现金收入已经被用于支付保证金。因此，实际所需的保证金金额为 1900 美元，这远远低于持有 100 股股票所需 7600 美元的资金成本。同样地，合成股票所需保证金数额不是固定的，它每天都会随股票和期权合约价格的变化而变化。

这种裸看跌期权策略的缺陷在于，它的最大收益是有限的，最大收益等于卖出看跌期权合约所得到的金额。在期权到期时，如果股票的收盘价高于看跌期权的执行价格，那么投资者不会因股票价格超出期权执行价格而赚取任何额外收益（如图 21-2 所示）。

深度实值看涨期权

深度实值看涨期权多头的 Delta 值接近 1。这就使得持有深度实值看涨期权多头头寸能够作为股票的可行替代品。当股票价格上涨时，深度实值看涨期权能够赚取股票价格上涨所带来的多数利润。如果这种看涨期权合约的 Delta = 0.8，此看涨期权的价格通常不会高于股票价格的 25%。因此，你只需支付不超过股票价格 25% 的成本，就能获得股票价格上涨所带来的 80% 的收益。

另一个深度实值看涨期权多头的优势在于它的 Delta 值会随着股

票价格的上涨而增加。如果你的看涨期权多头的初始 Delta 值为 0.8，且股票价格上涨了 20%，那么这将使 Delta 值提高到 0.9。因此，伴随着股票价格的上涨，你能够越来越多地分享到股票价格上升所带来的收益。

下面我们来分析一个例子。

例 3：

8 月末，**XYZ** 的股票价格为每股 106 美元。在接下来的 5 个月里，为了能够从股票的上涨行情之中获利，我们选择买入 1 份 1 月到期的深度实值看涨期权合约。

交易：以每股 23.9 美元的价格买入 1 份 1 月到期、执行价格为 85 美元的看涨期权合约。

成本 = 2390 美元。

最大风险 = 2390 美元。

所选的看涨期权合约 Delta 值为 0.8，即它的价格仅有股票价格的 23%。

图 21-3 所示的风险示意图描述了这笔交易。

这种用深度实值看涨期权作为股票多头替代品的缺陷在于不能获得股票分发的红利。你必须持有股票才能获得红利。另一个缺陷在于，当所持有的期权合约到期日临近时，长期参与这只股票价格行情的投资者需要将其现有头寸平仓并建立新的看涨期权头寸。

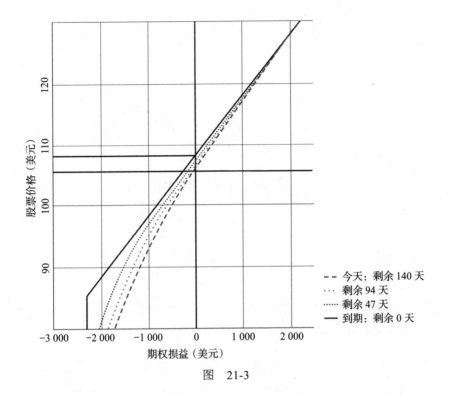

图　21-3

今天：剩余 140 天

剩余 94 天

剩余 47 天

到期：剩余 0 天

第 22 章

反向价差期权

　　反向价差期权交易策略是为了从股票或者指数价格的大幅变动（上涨或者下跌）中获利而采用的交易策略。反向价差期权交易策略是由较多的期权合约多头和较少的期权合约空头组成。这样的投资组合便于降低成本，甚至在交易开始时经常能够获得一笔收益。

　　反向价差交易的主要缺点在于，它只有在标的股票或者 ETF 指数的价格出现大幅变动时才能获得显著的收益。事实上，当股票或者 ETF 指数的价格在期权的到期日仅发生小幅变化时，会引发这种交易的最大损失。

　　下面我们来看一个牛市反向价差期权交易（bullish backspread trade）的典型例子。

例 1：

　　2 月，XYZ 的股票价格为每股 19 美元，此时你认为股票价格很可能在明年上涨至 35 美元，甚至更高。为了以较低的成本从潜在的股价大幅变动中获得收益，在接下来的 3 个月里，你考虑使用 11 个月之后到期的长期看涨期权来进行反向价差交易。

交易：以每股 1.7 美元的价格购买 2 份 1 月到期、执行价格为 22.5 美元的看涨期权合约，同时以每股 2.8 美元的价格卖出 1 份 1 月到期、执行价格为 20 美元的看涨期权合约。

成本 = 60〔 =2×（1.7×100）−（2.8×100）〕美元。

最大风险 = 310 美元。

图 22-1 所示的风险示意图描述了这笔交易。

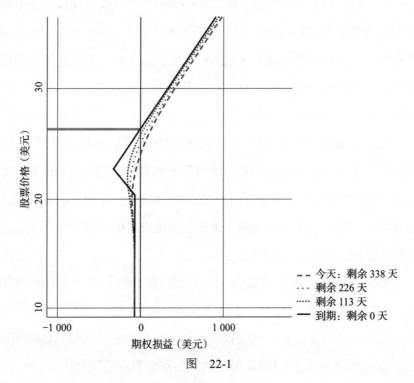

图　22-1

为了更好地了解这种交易策略，我们把反向价差期权看作以下交易的组合：①以每股 1.7 美元的价格购买 1 份 1 月到期、执行价格为

22.5 美元的看涨期权合约；② 1 份由 1 月到期、执行价格为 22.5 美元的看涨期权合约多头和 1 份 1 月到期的看涨期权合约空头组成的熊市看涨价差期权。这份熊市看涨价差期权产生了每股 1.1（=2.8 - 1.7）美元的收入。构建这种交易策略的主要思路在于用价差期权所产生的收入来为看涨期权多头头寸提供成本费用。

在期权合约到期日，如果 XYZ 的股票价格高于 22.5 美元，那么熊市看涨价差期权头寸结算后的成本为 250［=（22.5 - 20）× 100］美元。那份没有约束的，1 月到期、执行价格为 22.5 美元的看涨期权合约有可能实现无限的收益。在期权到期日，这个交易策略的盈亏平衡点出现在 XYZ 股票价格为 25.6 美元时。在盈亏平衡点上，看涨期权合约多头的盈利为 310［=（25.6 - 22.5）× 100］美元。这恰好能够抵消结算熊市看涨价差期权头寸所需的 250 美元成本和启动这个策略所需的 60 美元初始成本。

假设随着期权合约到期日的到来，XYZ 股票价格上涨至 35 美元。这笔交易的净利润等于那份没有负担的看涨期权合约在股票价格超出 25.6 美元的盈亏平衡点后所带来的利润。在这种情况下，收益为 940［=（35 - 25.6）× 100］美元。这笔交易的收益与所承担的最大风险之间的比值为 303%[⊖]。

此交易策略的最大风险为 310 美元。最大风险发生在期权到期时，XYZ 的收盘价恰好等于 22.5 美元时（如图 22-1 所示）。此时，2 份看涨期权合约多头头寸已经到期且毫无价值，与此同时，你必须以 250［=（22.5 - 20）× 100］美元的价格回购看涨期权合约空头头寸。

⊖ 原书疑有误，原书为 269%。——译者注

这 250 美元的损失加上启动交易所需的 60 美元初始成本，全部损失共 310 美元。如果 XYZ 股票的收盘价高于 22.5 美元，那么看涨期权合约多头头寸还包含一些价值，从而能够抵消回购看涨期权空头头寸的部分成本。如果 XYZ 股票的收盘价低于 22.5 美元，那么回购看涨期权空头头寸的成本会降低。如果 XYZ 股票的收盘价低于 20 美元，那么看涨期权空头头寸到期且毫无价值，此时的损失为启动交易所需的 60 美元的初始成本。

下面我们来看一个在交易开始时就产生收益的熊市反向价差期权交易（bearish backspread trade）的例子。

例 2：

10 月，ZYX 股票价格飙升至每股 76 美元。你确信股票价格会在接下来的几个月里回落至 45 美元。为了从这样的行情中获利，你考虑使用在 6 个月之后的 3 月到期的看跌期权合约进行反向价差交易。

交易：以每股 4.2 美元的价格购买 2 份 3 月到期、执行价格为 65 美元的看跌期权合约，同时以每股 9.6 美元的价格卖出 1 份 3 月到期、执行价格为 75 美元的看跌期权合约。

初始收入 = 120 $[= (9.6 \times 100) - 2 \times (4.2 \times 100)]$ 美元。

最大风险 = 880 美元。

图 22-2 所示的风险示意图描述了这笔交易。

这个交易策略可以看成以下交易的组合：①以每股 4.2 美元的价格购买 1 份 3 月到期、执行价格为 65 美元的看跌期权合约多头；②1 份由 3 月到期、执行价格为 65 美元的看跌期权合约多头和 3 月到期、执行价格为 75 美元的看跌期权合约空头组成的牛市看跌价差期权，这份期权产生了每股 5.4（=9.6 - 4.2）美元的收入。牛市看跌价差期权的看跌期权空头头寸带来的收益大于购买看跌期权多头头寸的支出，所以这个交易组合为我们赚取了 120 美元的净收入。

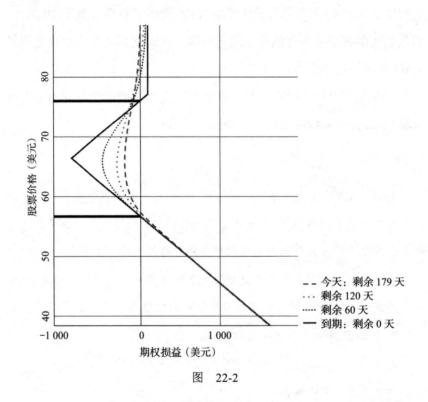

图　22-2

在期权合约到期日，如果 ZYX 的股票价格低于 65 美元，那么牛市看跌价差期权结算后的损失为 1000 ［=（75 - 65）×100］美元。那份没有约束的，3 月到期、执行价格为 65 美元的看跌期权合约多头头寸有可能实现无限的收益。在期权到期日，这个交易策略的盈亏平衡点出现在 ZYX 的股票价格为 56.2 美元时。在盈亏平衡点上，看跌期权合约多头的盈利为 880 [= (65 − 56.2) × 100] 美元。在结算头寸时，这份盈利加上构建牛市看跌价差期权合约所获得的 120 美元初始收益可以完全抵消牛市看跌价差期权合约产生的 1000 美元的损失。

假设随着 3 月期权合约到期日的到来，ZYX 的股票价格下跌至 45 美元。看跌期权合约进行反向价差交易的净利润等于那份没有约束的看跌期权合约在股票价格低于 56.2 美元的盈亏平衡点后所带来的利润。在这种情况下，收益为 1120 [= (56.2 − 45) × 100] 美元。这笔交易的收益与所承担最大风险之间的比率为 127%。

这笔交易的最大风险为 880 美元。最大风险发生在当期权到期时 ZYX 的收盘价恰好等于 65 美元时。此时，2 份看跌期权合约多头头寸到期且已变得毫无价值，与此同时，你必须以 1000 [= (75 − 65) × 100] 美元的价格回购看跌期权合约空头头寸。交易之初获得的 120 美元的初始收益抵消了这 1000 美元损失中的一部分，剩余净损失为 880 美元。如果 ZYX 股票的收盘价低于 65 美元，那么看跌期权合约多头头寸还包含一些价值，从而能够抵消回购看跌期权空头头寸的一部分成本。如果 ZYX 股票的收盘价高于 65 美元，那么回购看跌期权空头头寸的成本就会降低。

如果 ZYX 股票收盘价高于 75 美元，看跌期权空头头寸到期且毫无价值，此时净收益等于交易开始时所获得的 120 美元。如果你对于股票价格被高估的判断是完全错误的，股票价格在之后的 6 个月并没有下跌，那么这笔交易仍会赚取一小笔利润。

反向价差期权交易的基本思路在于通过带来收益的价差期权头寸来为期权多头头寸融资。这种交易的标准形式是按照 2 份期权多头和

1 份期权空头的比例构造反向价差头寸，如同例 1 和例 2 所示。你也可以使用其他比例来配比期权多头和期权空头。

下面我们来看一个使用 3 份看涨期权多头和 2 份看涨期权空头的配比来构造看涨期权反向价差期权交易的例子。

例 3：

10 月，ZYX 股票价格为每股 28.4 美元。你预计股票价格在接下来的 6 个月里很可能暴涨至 40 美元。现在我们来看一下如何使用 3：2 的比例构造由 4 月到期的看涨期权合约组成的反向价差期权交易头寸。

交易：以每股 0.85 美元的价格购买 3 份 4 月到期、执行价格为 32.5 美元的看涨期权合约，同时以每股 2.1 美元的价格卖出 2 份 4 月到期、执行价格为 30 美元的看涨期权合约。

初始收入 = 165 [=2×（2.1×100）- 3×（0.85×100）] 美元。

最大风险 = 335 美元。

图 22-3 所示的风险示意图描述了这笔交易。

这种交易策略可以看成由以下交易组合而成：① 以 85（=0.85×100）美元的价格购买 1 份 4 月到期、执行价格为 32.5 美元的看涨期权合约；② 2 份由 4 月到期、执行价格为 32.5 美元的看涨期权合约多头和 2 份 4 月到期、执行价格为 30 美元的看涨期权合约空头组成的熊市看涨价差期权合约。这 2 份熊市看涨价差期权合约产生了 250 [=2×（2.1 - 0.85）×100] 美元的收益。熊市看涨价差期权合约的收益大于建立看涨期权合约多头头寸所支付的成本，也就是说，这个交易组合产生了 165 美元的净收益。

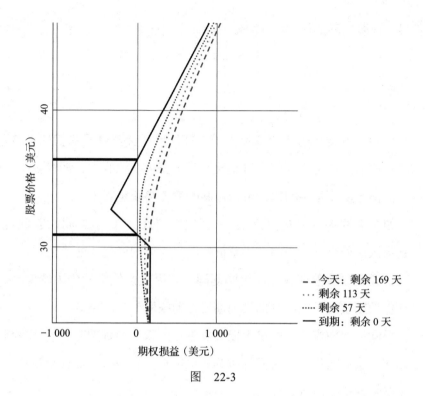

图　22-3

在期权合约到期日，这笔交易的盈亏平衡点为 ZYX 的股票价格到达 35.85 美元时。此时的看涨期权合约多头收益为 335 [=（35.85 - 32.5）× 100] 美元。这笔收益加上之前 165 美元的初始收益恰好能够抵消结算这 2 份熊市看涨价差期权合约头寸所需的 500 [=2 ×（32.5 - 30）× 100] 美元的成本。

假设随着 4 月到期的期权合约到期日的到来，ZYX 的股票价格上涨至 40 美元。配比为 3 : 2 的看涨期权反向价差期权交易的净利润等于那份没有约束的看涨期权合约在股票价格超出 35.85 美元盈亏平衡点后所带来的利润。在这种情况下，看涨期权反向价差期权交易的收益为 415 [=（40 - 35.85）× 100] 美元。这笔交易的收益与所承担最大风险之间的比率为 124%。

小结

反向价差交易的初始成本很低，它甚至还会提供一笔初始收益。通过对比前面的例子我们可以发现，为了获得初始收益，期权多头的执行价格与期权空头的执行价格之间的价差必须足够大。

如果期权多头的执行价格与期权空头的执行价格之间的差值较大，那么这种交易策略需要股票价格发生大幅的变化才能产生收益。

与大多数价差期权交易策略不同，如果股票价格发生大幅变动，反向价差期权交易能够在期权到期日之前赚取最大收益。

反向价差期权交易的最大损失发生在期权合约到期时的股票价格和期权空头的执行价格相同的时候。这笔损失总是大于此交易策略建仓时产生的初始成本。

通过周度期权构建反向价差期权

反向价差交易策略成功的关键在于，在期权到期日之前，标的股票或者 ETF 指数的价格发生了显著变动。因此，在周度期权短暂的存续期内股票价格发生符合预期的变动时，你可以通过周度期权构建反向价差期权交易策略。通过周度期权构建反向价差期权交易策略的一个可能的使用情形是通过预测公司业绩报告来构建交易组合，这是因为上市公司的业绩报告能够引起标的股票或者 ETF 指数的大幅价格变动。

下面我们来看一个使用周度期权来构造反向价差期权交易策略的例子。

例 4：

10 月的某个星期五，XYZ 股票价格为每股 18 美元。XYZ 公司的季度业绩报告将会在下星期一公开发布。市场预计公司业绩良好，这可能会推动股票价格上涨 5%。你决定通过周度反向价差期权交易策略从预期的增长中获利。因为周度期权将于下星期五到期，所以你仅有 7 天的时间从这笔交易中获利。

交易：以每股 1.1 美元的价格购买 2 份 10 月到期（周度期权）、执行价格为 17 美元的看涨期权合约，同时以每股 2.05 美元的价格卖出 1 份 10 月到期（周度期权）、执行价格为 16 美元的看涨期权合约。

成本 = 15［ =2×（1.1×100）-（2.05×100）］美元。

最大风险 = 115 美元。

图 22-4 所示的风险示意图描述了这笔交易。

如果在下星期一，XYZ 股票价格上涨 5% 至 18.9 美元，这个价差头寸能够实现平仓，获利约 75 美元。这意味着，与最大风险相比，这笔交易获得了 65% 的回报。我们注意到，在这笔交易中并不需要一直持有交易头寸至期权到期来获得这笔收益。

这笔交易的盈亏平衡点为 XYZ 的股票价格到达 18.15 美元时。此时，1 份 10 月到期、执行价格为 17 美元的看涨期权多头和 1 份 10 月到期、执行价格为 16 美元的看涨期权空头构成的交易组合平仓需要付出 1 美元的成本。剩余的那份 10 月到期、执行价格为 17 美元的看涨期权多头能够以 1.15 美元的价格卖出。盈亏平衡的结果是由建立反向价差期权头寸所支付的 15 美元的成本体现的。对于任何高于 18.15 美元的 XYZ 的股票价格，这份周度反向价差期权都能获得收益。

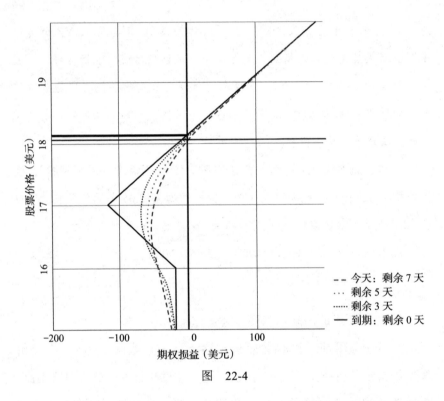

图　22-4

这笔交易的最大风险为 115 美元。最大风险发生在当期权到期时，XYZ 的收盘价恰好等于 17 美元（如图 22-4 所示）。此时，2份看涨期权合约多头头寸到期且已变得毫无价值，但你必须以100［＝（17－16）×100］美元的价格回购看涨期权合约空头头寸。这100 美元的损失加上启动交易所需的 15 美元的初始成本，全部损失为 115 美元。如果在期权到期日，XYZ 股票收盘价为 16 美元或者更低，那么这笔交易的损失被限定在 15 美元的初始成本上。如果星期一业绩报告公布后，XYZ 的股票价格跌至 18 美元以下，那么这笔交易可以迅速地被平仓。此时平仓的损失远小于最大风险。例如可以在星期一就将这笔交易平仓（剩余 5 天），此时平仓的损失为 50 美元或者更低（如图 22-4 所示）。

第 23 章

蝶式价差期权

标准蝶式价差期权交易策略（butterfly spread trade）是一种典型的低成本、低风险和高杠杆的交易策略。标准蝶式价差期权交易策略的缺点在于其盈利的价格区间比较窄。这种交易策略也可被用于大范围价格区间的交易，但是这会使其成本变得非常昂贵。

蝶式价差期权有多种运用方式。最常见的交易策略是以蝶式价差期权确定期权执行价格目标点位的方向。也可以对蝶式价差期权做一些调整，尽管这样做通常会给交易附加额外的风险。

还有一些标准蝶式价差期权交易策略的修正版本，这些修正版本可以产生一些收益，或者至少使净成本处于盈亏平衡点。这些修正版本的交易策略通常会带有一些方向性的偏差并附带更多的风险。

标准蝶式价差期权

下面我们来看一个标准蝶式价差期权交易策略的例子。

例1：

7月初，XYZ 的股票价格为每股 30 美元，此时你认为在接下来的 4 ~ 5 个月里，股票价格将会在 30 美元附近波动。为了在 30 美元的目标价格上获得足够的杠杆进行交易，你准备进行以下蝶式价差期权交易。

交易：以每股 6.3 美元的价格购买 1 份 11 月到期、执行价格为 25 美元的看涨期权合约。成本 = 6.3×100 = 630 美元。

以每股 2.8 美元的价格卖出 2 份 11 月到期、执行价格为 30 美元的看涨期权合约。收益 = 2.8×200 = 560 美元。

以每股 0.6 美元的价格购买 1 份 11 月到期、执行价格为 35 美元的看涨期权合约。成本 = 0.6×100 = 60 美元。

净成本 = 130（=630 + 60 − 560）美元。

最大风险 = 130 美元。

图 23-1 所示的风险示意图描述了这笔交易。

蝶式价差期权的名称源于其风险示意图的形状。如果将图 23-1 顺时针旋转 90 度，就可以发现风险示意图像是一只蝴蝶。蝴蝶的身体位于股票价格为 25 美元到 35 美元的 V 形区域。V 形区域的两端连接着蝴蝶的翅膀，在风险示意图中表现为自 25 美元和 35 美元向外延伸的直线部分。

蝶式价差期权的另一种解释为由 1 份 11 月到期、执行价格分别为 25 美元和 30 美元的牛市看涨价差期权和 1 份 11 月到期、执行价格分别为 30 美元和 35 美元的熊市看涨价差期权构成的交易组合。牛市看涨价差期权净成本为 350（=630 − 280）美元，熊市看涨价差期

权净收益为 220（=280 − 60）美元。这个组合的净成本为 130（=350 −
220）美元。

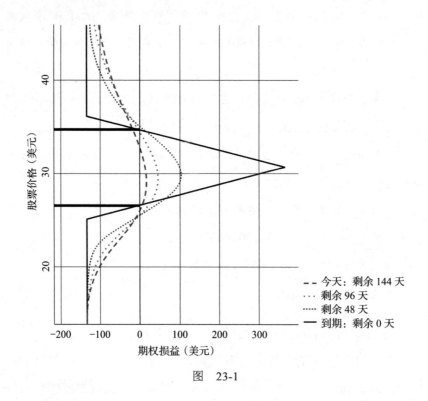

图 23-1

蝶式价差期权的最大收益发生在 11 月期权合约到期时 XYZ 的收
盘价恰好等于 30 美元时（如图 23-1 所示）。在这种情况下，11 月到
期、执行价格为 25 美元的看涨期权合约能够以 500 美元的价格出售，
同时其他的期权合约在到期时已变得毫无价值。因此，这笔交易的净
利润为 370（=500 − 130）美元，这意味着在初始投资的基础上获得
了 285% 的收益。期权交易者通常都把令蝶式价差期权交易策略产生
最大收益的股票价格称为"甜蜜点"（sweet spot）。

如果在期权到期日 XYZ 股票的收盘价低于 30 美元，那么净收益将会减少。这是因为 11 月到期、执行价格为 25 美元的看涨期权合约的价格会低于 500 美元。如果在期权到期日 XYZ 股票的收盘价高于 30 美元，那么 2 份 11 月到期、执行价格为 30 美元的看涨期权合约必须被回购平仓，这会降低交易的净收入。在期权到期时，如果发生极端情况，XYZ 股票的收盘价低于 25 美元或高于 35 美元，那么将产生 130 美元的最大损失。在期权到期时，如果 XYZ 股票的收盘价格在 26 美元到 34 美元之间，那么蝶式价差期权就可以盈利。

小结

例 1 分别阐述了蝶式价差期权的优势和劣势。优势包括：①蝶式价差期权的成本通常是很低的；②其最大收益是高杠杆作用的结果。劣势包括：①能够盈利的价格区间非常狭窄；②对交易策略实现最大收益的时间要求非常严苛，在期权到期日，股票价格需要恰好达到"甜蜜点"。

我们可以使用看跌期权替换看涨期权作为例 1 的替代方法。也就是说，购买 1 份 11 月到期、执行价格为 35 美元的看跌期权合约和 1 份 11 月到期、执行价格为 25 美元的看跌期权合约，同时出售 2 份 11 月到期、执行价格为 30 美元的看跌期权合约。由看跌期权构成的蝶式价差期权交易策略的成本和收益情况同由看涨期权构成的蝶式价差期权交易策略相类似，这是因为 XYZ 股票的初始价格都是这两种交易策略的"甜蜜点"。

为了让"甜蜜点"的目标价格高于或者低于 XYZ 股票的当前价格，你必须对比看涨期权蝶式价差期权合约和看跌期权蝶式价差期权合约，找出两者中价格较低的一个。当 1 份蝶式价差期权合约的"甜蜜点"远离当前的股票价格时，它的成本通常会更高。选择到期时间更远的期权合约能够降低蝶式价差期权合约的成本，但同时也降低了在到期日 XYZ 股票价格靠近"甜蜜点"的可能性。

修正的蝶式价差期权

下面我们来看另一种使用蝶式价差期权交易策略进行交易的方法，这种方法在交易的后期对蝶式价差期权进行了修正。这种方法适用于那些波动性更大的股票，这类股票的价格会在几个月的时间范围内在两个极限价格之间发生大幅波动。

例 2：

7 月初，XYZ 股票价格在 30 美元附近，但有迹象显示在不久的将来，股票价格可能会上涨。我们以 35 美元为目标价格水平构建一个蝶式价差期权头寸。

交易：以每股 9.9 美元的价格购买 1 份 11 月到期、执行价格为 40 美元的看跌期权合约。成本 = 9.9×100 = 990 美元。

以每股 4.6 美元的价格卖出 2 份 11 月到期、执行价格为 35 美元的看跌期权合约。收益 = 4.6×200 = 920 美元。

以每股 0.8 美元的价格购买 1 份 11 月到期、执行价格为 30 美元的看跌期权合约。成本 = 0.8×100 = 80 美元。

净成本 = 150（=990 + 80 − 920）美元。

最大风险 = 150 美元。

图 23-2 所示的风险示意图描述了这笔交易。

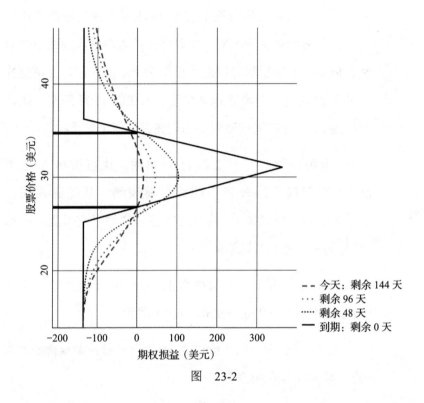

图　23-2

现在我们来分析在以下的交易场景中，这笔交易是如何进行的。

（1）最理想的交易场景出现在当 11 月期权合约到期时，XYZ 股
票价格恰好与"甜蜜点"相同，即股票价格为 35 美元。在
这种情况下，11 月到期、执行价格为 40 美元的看跌期权合
约能够以 500 美元的价格出售，同时其他期权合约此时已毫
无价值。因此这笔交易的净利润为 350（=500 − 150）美元，
这意味着同初始投资成本相比，收益率为 233%。

（2）另外一种交易场景适用于价格波动幅度更大的股票。假设在
9 月下旬，XYZ 股票价格上涨至 38 美元，并且股票价格看
起来将会维持在这一水平。此时蝶式价差期权出现微小的盈
利，但是这部分盈利的数额太小以至于不能保证将全部交易
头寸平仓退出。而原来以 4.6 美元出售的 11 月到期、执行
价格为 35 美元的看跌期权合约现在仅价值 1 美元。

这里可以通过回购 2 份 11 月到期、执行价格为 35 美
元的看跌期权合约来修正期权交易策略，从而确保获得
720〔=920 -（1×200）〕美元的收益。这种对交易策略的修
正令你的手中还剩余以下头寸：

1 份 11 月到期、执行价格为 40 美元的看跌期权合约多头
头寸，基本成本 = 270（=990 - 720）美元。

1 份 11 月到期、执行价格为 30 美元的看跌期权合约多头
头寸，基本成本 = 80 美元。

在这个剩余的头寸之中，720 美元的盈利被运用于 11 月
到期、执行价格为 40 美元的看跌期权合约多头头寸的购买成
本中，这笔盈利也能够以任何适宜的方式运用于其他看跌期
权多头头寸的购买成本中。

剩余头寸的总基本成本为 350（=270 + 80）美元。这意
味着，为了扩大我们获取收益的范围，我们需要在初始购买
成本之外额外承担 200 美元的风险。

图 23-3 所示的风险示意图描述了这个剩余头寸。

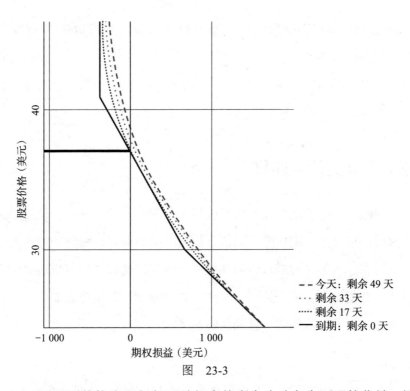

图　23-3

　　XYZ 股票价格出现任何下跌都会使剩余头寸产生可观的收益。假设在 11 月初，XYZ 股票价格下跌至 31 美元。此时 11 月到期、执行价格为 40 美元的看跌期权合约多头头寸价值 9.2 美元，而 11 月到期、执行价格为 30 美元的看跌期权合约多头头寸价值 0.5 美元。出售这 2 份期权合约将获得 970 ［ =（9.2 + 0.5）× 100 ］美元的收入，从而这笔交易的净收益为 620（=970 − 350）美元。也就是说，基于剩余头寸 350 美元的基本成本，这笔交易获得了 177% 的收益。

小结

　　采用例 2 中的蝶式价差期权进行交易时需要保持小心谨慎。如果

XYZ 股票价格没有出现上涨，那么 11 月到期、执行价格为 35 美元的看跌期权合约空头头寸处于深度实值状态，到 11 月初时此合约将会损失绝大部分的时间价值。在这种情况下，这个空头头寸可能面临被要求提前履约的风险。

不对称蝶式价差期权

标准蝶式价差期权交易策略包括 3 个期权头寸，其中，期权空头的执行价格将 2 个期权多头的执行价格从中间分开，令整个交易处于平衡状态。在不对称蝶式价差期权中，最廉价期权执行价格远离中间价格，并使得在交易开始时不对称蝶式价差期权产生净收益。下面我们来看一个不对称蝶式价差期权的例子。

例 3：

7 月初，ZYX 指数的交易价格为每股 150 美元。你预计在未来的 2 个月指数会小幅度震荡上行。我们在考虑到指数上涨可能性的同时，将目标价格定为 150 美元，来构建不对称蝶式价差期权。

交易：以每股 1.4 美元的价格购买 1 份 8 月到期、执行价格为 145 美元的看跌期权合约。成本 = 1.4 × 100 = 140 美元。

以每股 3.2 美元的价格卖出 2 份 8 月到期、执行价格为 150 美元的看跌期权合约。收益 = 3.2 × 200 = 640 美元。

以每股 4.5 美元的价格购买 1 份 8 月到期、执行价格为 152.5 美元的看跌期权合约。成本 = 4.5 × 100 = 450 美元。

净收益 = 50（= 640 − 140 − 450）美元。

最大风险 = 200 美元。

图 23-4 所示的风险示意图描述了这笔交易。

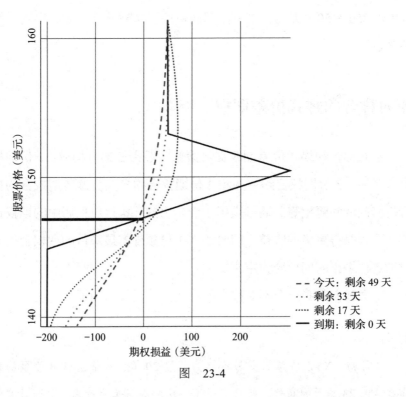

图　23-4

这笔交易在完成建仓时就产生了一小部分收益。如果在期权合约到期时 ZYX 股票价格高于 152.5 美元，那么所有看跌期权合约都将在到期时变得毫无价值，于是建仓时已获得的收益将成为这笔交易的利润。这笔完成建仓时获得的收益使得蝶式价差期权交易的风险示意图向上偏移（如图 23-4 所示）。

和标准蝶式价差期权交易策略一样，不对称蝶式价差期权交易策略的最大收益发生在 8 月期权合约到期时，ZYX 股票收盘价等于"甜蜜点"，即 150 美元。在这种情况下，8 月到期、执行价格为152.5 美元的看跌期权合约能够以 250 美元的价格出售，同时其他期权头寸都将在期权到期时变得毫无价值。因此，这笔交易的净利润为300（=250＋50）美元，这笔净利润包括了交易建仓之初所得到的初始收益。

不对称合约蝶式价差期权

不对称合约蝶式价差期权交易策略一般由三部分构成：1份期权合约多头，3份期权合约空头和2份期权合约多头。这些期权合约执行价格间的间隔相等。通过卖出1份多出的、执行价格居中的期权合约，可以获得更多的收益。同时买入1份额外的最廉价的期权合约来对冲这份多出的期权合约空头。

下面我们来看一个不对称合约蝶式价差期权的例子。

例4：

9月初，XYZ股票的交易价格为每股20美元。最近这只股票的价格曾站上23美元的高位，然后出现了一次冲高回落的过程。你预计在接下来的6个星期中，XYZ股票价格将会重回23美元的价格水平。我们使用不对称合约蝶式价差期权交易策略来从股票价格的恢复过程中获利，同时在出现一定程度的回调的情况下保持盈利。

交易：以每股2.3美元的价格购买1份10月到期、执行价格为20美元的看涨期权合约。成本＝2.3×100＝230美元。

以每股1.25美元的价格卖出3份10月到期、执行价格为23美元的看涨期权合约。收益＝1.25×300＝375美元。

以每股0.6美元的价格购买2份10月到期、执行价格为26美元的看涨期权合约。成本 = 0.6 × 200 = 120 美元。

净收益 = 25（=375 − 230 − 120）美元。

最大风险 = 275 美元。

图 23-5 所示的风险示意图描述了这笔交易。

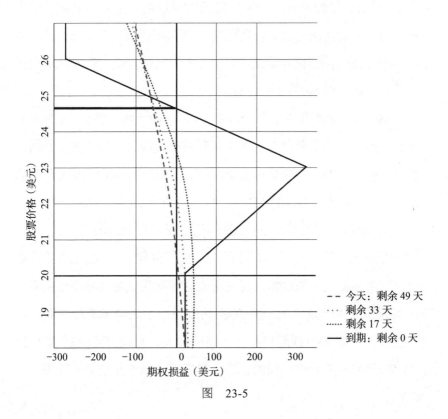

图　23-5

如图 23-5 所示，不对称合约蝶式价差期权的最大收益为 325 美元。在 10 月期权合约到期时，如果 XYZ 股票的收盘价恰好处于 23美元的"甜蜜点"，不对称合约蝶式价差期权获得最大收益。在这种情况下，10 月到期、执行价格为 20 美元的看涨期权合约能够以 300

美元的价格出售，同时其他期权头寸将在到期时变得毫无价值。因此，这笔交易的净利润为 325（=300 + 25）美元。

当期权合约到期时，如果 XYZ 股票的收盘价低于 20 美元，那么所有期权都将在到期时变得毫无价值，但是由于交易头寸在建仓时获得了 25 美元的初始收益，这笔交易仍然可以取得少量的利润。在风险示意图中我们还需注意到，在距期权合约到期日还有 2 周时，如果 XYZ 的股票价格接近 20 美元或者甚至低于 20 美元，那么这笔交易仍能在平仓后获得 50 美元的收益。

在 10 月期权合约到期日，如果 XYZ 价格大幅上涨至 26 美元甚至更高，那么这笔交易将产生 275 美元的最大损失。最大损失是由以下交易过程产生的。首先将那份 10 月到期、执行价格为 20 美元的看涨期权合约和其中 1 份 10 月到期、执行价格为 23 美元的看涨期权合约一同以 300 美元的价格出售。剩下的 2 份 10 月到期、执行价格为 23 美元的看涨期权合约和 10 月到期、执行价格为 23 美元的看涨期权合约需要 600 美元的成本来将其平仓。因此将这笔交易平仓所需的净成本为 300 美元减去 25 美元的初始收益。在风险示意图中我们还应该注意到，如果距到期日还有 2 周的时间，XYZ 股票的交易价格在 25 美元到 26 美元的区间内，那么我们平仓退出此交易的损失小于 100 美元。

第 24 章

铁鹰式期权和双对角线期权

铁鹰式期权交易策略（iron condor trade）和双对角线期权交易策略（double diagonal trade）是非常流行的非方向性交易策略。这些交易策略是针对在 1 到 2 个月的期间内、预估价格会维持在一个合理且狭小的范围内的股票或者 ETF 指数而设计的。这两种交易策略均为贷方交易（credit trade）。也就是说，在交易完成建仓时你的经纪账户就能够收到一笔现金。此时，交易就变成一个等待期权空头头寸的时间价值随着股票价格向一个方向变动而逐渐衰减的过程。

铁鹰式期权

铁鹰式期权合约的基本配置为卖出 1 份虚值看涨期权合约和 1 份虚值看跌期权合约，这 2 份期权合约的执行价格几乎等间距地分布在股票价格变动区间的中间值附近。为了对冲这 2 份期权合约空头，我们买入执行价格同股票市场价格之间价差更大的虚值看涨期权合约和虚值看跌期权合约各 1 份。所有这些期权具有相同的合约到期日。因为期权合约多头买入价格小于期权合约空头的卖出价格，所以铁鹰式期权能够产生净收益。

铁鹰式期权合约的另一种解释方法是，它是 2 份垂直价差期权合约的组合。其中，牛市看跌价差期权合约建立在执行价格接近股票价格变动区间下沿的看跌期权合约空头头寸之上，而熊市看涨价差期权合约建立在执行价格接近股票价格变动区间上沿的看涨期权合约空头头寸之上。这 2 份价差期权合约具有相同的合约到期日。这 2 份垂直价差期权合约收益之和等于铁鹰式期权合约的总收益。

铁鹰式期权交易的目标在于，所有期权空头头寸在到期时都变得毫无价值，从而保留交易开始时获得的初始收入。

通过使用将在 1 到 2 个月内到期的期权合约，我们期望股票价格没有机会超出正常交易价格的范围。在合约到期日，要获得铁鹰式期权的最大收益，股票的市场价格需要位于两个期权合约空头头寸的执行价格之间。

下面我们来看一个铁鹰式期权交易策略的例子。

例 1：

你观察到 XYZ 股票价格最近运行于 50 美元到 60 美元的区间内。12 月下旬，股票价格为每股 56 美元，此时你决定使用 2 月到期的期权合约构建一个铁鹰式期权交易策略。

交易：以每股 1.85 美元的价格卖出 1 份 2 月到期、执行价格为 60 美元的看涨期权合约，同时以每股 1.1 美元的价格卖出 1 份 2 月到

期、执行价格为 50 美元的看跌期权合约。以每股 0.7 美元的价格买入
1 份 2 月到期、执行价格为 65 美元的看涨期权合约，同时以每股 0.4
美元的价格买入 1 份 2 月到期、执行价格为 45 美元的看跌期权合约。
这笔交易产生了每股 1.85 美元的收益，从而为你的经纪账户带来 185
［=（1.85 + 1.1 - 0.7 - 0.4）×100］美元的现金收入。

图 24-1 所示的风险示意图描述了这笔交易。

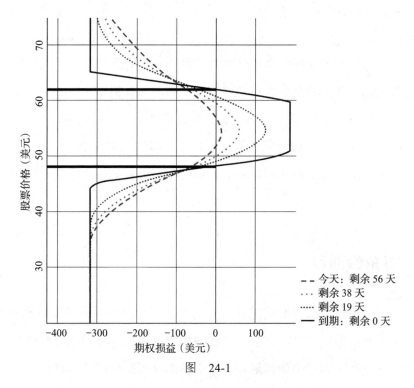

图　24-1

如同风险示意图所示，这笔交易最好的结果发生在 2 月期权合约
到期时 XYZ 的股票价格在 50 美元到 60 美元之间。在这种情况下，
所有期权合约在到期时都已毫无价值，185 美元的初始收入转化成交
易的最终利润。

最大损失发生在 2 月期权合约到期时 XYZ 股票价格低于 45 美元或者高于 65 美元。在这两种情况下，2 份有收益的价差期权中的 1 份必须以每股 5 美元的成本平仓。这将导致交易产生 315 ［ ＝（ 5 × 100 ）－185 ］美元的净损失。

通常情况下，我们不需要让交易进入最差的情况。如图 24-1 所示，如果 XYZ 股票价格跌至 48 美元或者上涨至 62 美元，这就是退出交易比较合理的价格。在这两种情况下，退出交易会产生 100 美元的损失。

运用铁鹰式期权交易策略对保证金有一定的要求。这是因为构成铁鹰式期权合约的两个垂直价差期权合约均为有初始收益的价差期权合约，所以一些经纪人会对这 2 份垂直价差期权合约都收取保证金。对期权有深入认识的经纪人只会收取 1 份垂直价差期权合约保证金，因为他们懂得事实上 2 份垂直价差期权中至少有 1 份会在到期日变得毫无价值。

双对角线期权

双对角线期权合约的基本配置为卖出 1 份虚值看涨期权合约和 1 份虚值看跌期权合约，这 2 份期权的执行价格几乎等间距地分布在股票价格变动区间的中间值附近。这 2 份期权具有相同的到期日，并且通常距合约到期日还有 1 到 2 个月的存续期。为了对冲这 2 份期权合约空头，我们买入执行价格距股票市场价格更远的虚值看涨期权合约和虚值看跌期权合约各 1 份，并且这 2 份期权合约距合约到期日至少还多出 1 个月的存续期。因为期权合约多头的买入价格小于期权合约空头的卖出价格，所以双对角线期权能够产生净收益。

　　双对角线期权合约的另一种解释方法是，它是 2 份对角日历价差期权合约的组合。其中一个对角日历价差期权合约建立在执行价格接近股票价格变动区间下沿的看跌期权合约空头头寸之上。另一个对角日历价差期权合约建立在执行价格接近股票价格变动区间上沿的看涨期权合约空头头寸之上。上面的 2 份期权合约空头具有相同的合约到期日。而另外 2 份期权合约多头在具有相同的合约到期日的同时，通常还比期权合约空头的到期日晚 1 到 2 个月。

　　同铁鹰式期权交易策略一样，双对角线期权交易策略的目标在于使所有期权空头头寸在到期时都变得毫无价值。假设期权空头头寸在到期时已经变得没有价值，你需要选择如何继续进行交易：①其中一个选择是将期权多头头寸依照其剩余价值卖出，尽管它们距离到期日还有至少 1 个月的时间；②另一个选择是你可以卖出新的期权合约，从而构建另一个双对角线期权合约或者铁鹰式期权合约。

　　下面我们来看一个双对角线期权交易策略的例子。

例 2：

　　你观察到 XYZ 股票价格最近运行于 50 美元到 60 美元的区间内。12 月下旬，股票价格为每股 56 美元，此时你决定使用 2 月到期的期权合约和 3 月到期的期权合约构建一个双对角线期权交易策略。

　　交易：以每股 1.85 美元的价格卖出 1 份 2 月到期、执行价格为 60 美元的看涨期权合约，同时以每股 1.1 美元的价格卖出 1 份 2 月到期、执行价格为 50 美元的看跌期权合约。以每股 1.2 美元的价格买入 1 份 3 月到期、执行价格为 65 美元的看涨期权合约，同时以每股 0.7 美元的价格买入 1 份 3 月到期、执行价格为 45 美元的看跌期权合约。这笔交易产生了每股 1.05 美元的净收益，从而为你的经纪账户带来 105 [= (1.85 + 1.1 - 1.2 - 0.7) × 100] 美元的现金收入。

图 24-2 所示的风险示意图描述了这笔交易。

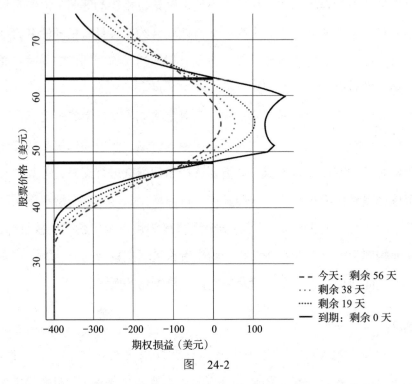

图 24-2

如图 24-2 所示，如果在 2 月期权合约到期时，XYZ 股票价格在 50 美元到 60 美元之间，那么期权合约空头头寸都已到期，期权合约多头头寸将按照它们的剩余价值出售。这笔交易会产生 150 ～ 180 美元的利润。

最大损失发生在 XYZ 股票价格低于 35 美元或者高于 75 美元时。在这两种情况下，如图 24-2 所示，这将导致交易产生 400 美元的损失。

同铁鹰式期权交易策略相同，通常情况下，我们不需要让双对角线期权交易策略进入最差的情况。如果 XYZ 股票价格跌至 48 美元或者上涨至 63 美元，我们就可以认为这是退出交易比较合理的价格。在这两种情况下，退出交易会产生大约 100 美元的损失。

和铁鹰式期权交易策略一样，运用双对角线期权交易策略对保证金有一定的要求。一些经纪人会对这 2 份对角日历价差期权合约都收取保证金。对期权有深入认识的经纪人只会收取 1 份对角日历价差期权合约保证金。

小结

铁鹰式期权的主要优势在于，如果期权合约到期时股票价格位于期权空头头寸的两个执行价格之间，那么此期权交易策略易于投资者操作。因为此时，所有期权在到期时都已变得毫无价值，不需要投资者进行任何操作，这笔交易就会自动平仓结束。这个过程中不会产生手续费支出。

双对角线期权的主要优势在于它易于调整的灵活性。在例 2 中，如果 XYZ 股票价格上涨至看涨期权合约空头的执行价格 60 美元或者下跌至看跌期权合约空头的执行价格 50 美元，那么我们可以将 2 月到期的期权空头头寸展期为 3 月到期的期权头寸。另一种方法是，将 2 月到期、执行价格为 60 美元的看涨期权合约置换成 2 月到期、执行价格为 65 美元的看涨期权合约，或者将 2 月到期、执行价格为 50 美元的看跌期权合约置换成 2 月到期、执行价格为 45 美元的看跌期权合约。这两种方法都可以在不增加保证金的前提下构建 2 月到 3

月的日历价差期权。

双对角线期权的另一个优势在于其可以在下一个月继续交易的可能性。在例 2 中，在 2 月到期时，如果 XYZ 股票价格在 50 美元到 60 美元之间，那么你已经获得了一部分利润。此时 3 月到期的期权就变成了自由的头寸，可以在下个月继续被使用。例如，这些期权多头头寸可以作为 3 月的铁鹰式期权交易策略中的一部分。

通过周度期权构建铁鹰式期权和双对角线期权

使用周度期权来构建铁鹰式期权交易策略有值得商榷的地方。为了能够赚取足够的权利金来使这笔交易成为可能，期权合约空头的执行价格必须尽可能地接近股票市场价格。同样地，为了令最大风险保持在可控的水平，期权合约多头的执行价格必须相当地接近这些期权合约空头的执行价格。通常情况下，这样构建出的铁鹰式期权往往会有不理想的风险报酬比。

使用周度期权作为双对角线期权交易策略的期权合约空头头寸是一种绝佳的考量。双对角线期权交易策略的一个优点就是，随着期权合同空头头寸的到期，可以对它进行进一步的调整。使用周度期权作为双对角线期权交易策略的期权合约多头头寸，并不断地卖出周度期权，这样操作不仅每周都有可能产生利润，而且每周都能够获得调整空头头寸执行价格的机会。

第 25 章

年底纳税策略

　　假设本年度你持有一只获得了不错收益的股票，但是你担心年底的时候股票价格会大幅回落。同时，你并不愿意在 1 月 1 日前出售你的股票来获得收益，因为这意味着你要在当年纳税。当下一年的 4 月 15 日到来时，你希望避免为这笔丰厚的收益纳税。

　　美国国税局的规定使得那些能够让你完全对冲股票收益、把支付税款延迟到下一年度的操作都无法得以实现。然而，有一种使用期权的方法可以在一定程度上实现对你的利润进行无成本保护，这种方法不会产生应税交易。本章将会展示一种给予你的利润有限保护的策略，这种策略能在推迟纳税的同时，符合美国国税局的相关规定。

税收法规限制

　　有一些期权策略能够给你的股票利润提供完全的、无成本的对冲。但不幸的是，美国国税局不允许投资者以推迟支付税款为目的来使用此类策略。美国国税局把所有此类不被允许的对冲策略归类为推定出售（constructive sale）。这里我们没有必要去详细阐述构成推定出售的复杂定义，因为我们将集中注意力在一种被允许的、实用的策略上。

美国国税局确实允许使用配对看跌期权策略（见第 17 章"配对看跌期权"）来保护股票收益。这个策略包括买入 1 份看跌期权合约来确保股票能够以特定的价格兑换成现金。配对看跌期权的巨大缺陷在于，为了达到对股票收益理想的保护水平，它将产生巨大的成本。因此，无成本策略更受投资者的欢迎。

理想的无成本保护策略是基于你的股票头寸来卖出 1 份深度实值看涨期权，但是美国国税局将这种交易纳入不被允许的推定出售范围。美国国税局其实是允许出售实值看涨期权的，但是对实值期权的实值程度有严格的要求。这些满足美国国税局要求的实值看涨期权属于合格持保看涨期权（qualified covered call）。下文我们将介绍如何通过使用合格持保看涨期权对收益进行合理的保护。

合格持保看涨期权

因为你最希望的是将获得股票收益的时间推迟到下一年，这意味着任何持保看涨期权的到期日都应在 1 月 1 日之后。为了实现这个目标，你可以按照美国国税局的规定，在距期权合约到期之前至少 31 天，但距期权合约到期又不超过 90 天的这段时间里，卖出这份合格持保看涨期权。

为了令你的股票盈利头寸获得最大的保护，你想要卖出在美国国税局规定范围内的、执行价格最大限度地低于股票市场价格的实值看涨期权。在美国国税局的规定中，能够使用的最低执行价格被设定为最低合格基准（lowest qualified benchmark，LQB）。也就是说，被美国国税局许可的，且能够提供最佳保护的持保看涨期权为执行价格等于最低合格基准的看涨期权。

如何确定最低合格基准呢？美国国税局的基本准则是，最低合格基准为低于适用股票价格（applicable stock price，ASP）的最高执行价格。在股票当日开盘价比前一交易日的收盘价高开不超过 10% 的情况下，适用股票价格等于持保看涨期权合约交易的前一交易日股票收盘价。如果在原计划进行持保看涨期权合约交易的当天，股票的开盘价比前一交易日的收盘价高开超过 10%，那么适用股票价格为当日股票开盘价，在这种情况下，最低合格基准就变成低于当日股票开盘价的最高执行价格水平。

对于适用股票价格小于或者等于 150 美元的股票，当交易开始时，其股票市场价格与实值持保看涨期权合约的执行价格之间的价差不能超过 10 美元。对于适用股票价格小于或者等于 25 美元的股票还有额外的限制条件，就是期权执行价格不能低于指定股票价格的85%。

基本策略

这节内容的目的是分析在满足美国国税局准则的前提下，如何通过卖出实值持保看涨期权合约来尽可能实现对利润进行合理水平的无成本保护。

卖出持保看涨期权的好处是，这笔交易带来的现金收入可以抵消股票价格回落所产生的损失。通过卖出一个实值看涨期权合约，可以获得大量的现金收入。在 1 月 1 日到来之前，在你所持有股票的价格开始下跌的情况下，这可以为你的交易提供极大的保护。为了实现对利润的最大保护，你将会希望最大化股票市场价格和被许可的执行价格（最低合格基准）之间的价差。

出售看涨期权合约所获得的现金收入不会成为应纳税额，除非期权合约头寸出现以下的情况：

- 期权合约到期；

- 期权合约被执行；

- 回购期权合约来平仓空头头寸。

第一种情况在 1 月期权合约到期之前是不会发生的。在现实中，直到 1 月期权合约到期之前，第二种情况也不太可能发生。因为股票持有人决定是否回购看涨期权合约空头头寸，所以第三种情况也没有理由发生。

基本策略的第一步是为你所持有的每百股股票卖出 1 份 1 月到期的看涨期权合约。通常情况下，使用 1 月到期的看涨期权合约是最便捷的，这样做可以在新的年度开始时就平掉期权头寸。

期权合约执行价格的选择需要满足美国国税局关于最低合格基准的规定。在计划卖出看涨期权的当日，需要确保股票的开盘价没有比前一交易日的收盘价高 10% 以上。在这一点被确认后，持保看涨期权合约的最低合格基准为低于前一交易日收盘价的最高期权执行价格。

　　本策略的第二步是确保你的交易符合进行持保看涨期权交易的时间限制。因为你考虑的是在年底进行交易的策略，要满足在 1 月到期的看涨期权合约到期之前 90 天内进行交易的规定是相对比较容易实现的。大致的指导原则是，持保看涨期权合约必须在 10 月到期的期权到期日之后的某个时间被卖出。为了符合 31 天的规定，持保看涨期权的出售时间不能晚于 12 月的某个日期，这个日期距离 1 月到期的期权合约到期日有 31 天的时间。

　　需要谨记的是，只要距离 1 月到期的期权合约到期日还有超过 31 天的时间，你就无须在任何特定的日期开始你的交易。这使得你有至少一周的时间来进行交易。如果你计划在某天进行交易，但你却发现基于最低合格基准，当天的股票市场价格并不令人满意，此时你可以选择等待，直到更好的机会出现。

　　如果出于某种原因，你决定进行持保看涨期权交易策略的时间距离 1 月到期的期权到期日少于 31 天，那么你必须考虑卖出 1 份 2 月到期的看涨期权合约。

　　假设你已经成功开始了持保看涨期权交易策略，现在我们就来分析一下可能出现的结果。在 1 月到期的期权合约到期日，如果股票价格高于期权合约执行价格，那么看涨期权合约会被执行，你的股票将以期权合约的执行价格被卖出。卖出看涨期权合约所获得的现金加上以期权执行价格卖出股票的收入，通常会超过你以开始这笔期权交易时的股票价格卖出股票的收入。当然，在新的年度，你需要为这笔交易的利润纳税。

　　如果你想要避免股票被买走，那么你可以在期权合约被执行之前，回购这份持保看涨期权合约。这样做可能是一种明智的投资决策，也可能不是，但它仍然可以推迟纳税的时间。

在 1 月到期的期权合约到期日，如果股票价格跌至期权合约执行价格以下，那么看涨期权合约到期时会变得毫无价值。卖出持保看涨期权合约所获得的现金收入可能不足以弥补所有股票价值的损失，但是这笔交易肯定是有帮助的。而且，在期权到期时，如果股票价格低于期权执行价格，那么期权将不会被执行，如果有利可图的话，你可以继续持有你的股票。

为了解释这种基本策略，下面我们来看一些例子。

例 1：

8 月，你以每股 33 美元的价格买入 100 股 XYZ 股票，为此支付了 3300 美元。12 月初，XYZ 的股票价格为 68 美元。虽然你想要卖出股票来获得超过 100% 的收益，但你又不愿意在当年上缴如此大量的税费。下面我们使用前面介绍过的持保看涨期权交易策略来为利润提供保护，同时转移任何可能产生的税费到新的年度。

假设 12 月 5 日股票的收盘价为 68 美元，并且在 12 月 6 日股票的开盘价为 69 美元。股票的当日开盘价高出前一交易日收盘价不到 10%，因此以 68 美元的股票市场价格来决定持保看涨期权的最低合格基准。如果 65 美元是最靠近 68 美元的执行价格，那么 65 美元就是可以出售持保看涨期权的最低合格基准。距离 1 月到期的期权合约到期日还有超过 31 天的时间，所以我们可以出售 1 月到期期权合约。综上所述，我们可以卖出 1 月到期、执行价格为 65 美元的看涨期权合约，这样就不会引起当年的缴税支出。

假设在 12 月 6 日，你以每股 7 美元的价格卖出 1 份 1 月到期、执行价格为 65 美元的看涨期权合约。这笔交易将为你的经纪账户带来 700 美元的收入，这笔收入无须纳税，直到 1 月期权合约被解除。你现在已经建立起对 XYZ 股票收益的一些保护。

1 月到期、执行价格为 65 美元的看涨期权的价格中包含 3 [=（65 + 7）- 69] 美元的时间价值。这使得在期权合约时间价值随着 1 月到期日的临近而逐渐消失之前，此看涨期权合约不太可能被执行。

在 1 月到期的期权合约到期日，如果 XYZ 股票价格高于 65 美元，那么看涨期权合约会被执行，你的股票将以每股 65 美元的价格被期权合约持有者买走，这将会给你的经纪账户带来 6500 美元的收入。那么通过持保看涨期权交易，你总共获得了 7200（=700 + 6500）美元，这意味着得到 3900（=7200 - 3300）美元的利润。出于纳税原因的考虑，这笔收益会产生在新的年度中。

在持保看涨期权的保护下，这笔交易的盈亏平衡点为 62 美元。在 1 月期权到期时，如果 XYZ 的股票价格为 62 美元，那么期权合约空头将在到期时变得毫无价值，且股票能够以每股 62 美元的价格出售。此时你将会得到总共 6900（=700 + 6200）美元，这恰好等于在 12 月 6 日如果股票以 69 美元的价格被卖出时，你可以获得的收入。这笔交易的利润为 3600（=6900 - 3300）美元，这笔应税交易的利润会产生在新的年度中。

例 2：

假设，除了在 12 月 6 日 XYZ 的开盘价变为 72 美元外，交易发生的其他条件同例 1 相同。股票当日的开盘价仍旧高出前一交易日收盘价不到 10%，因此 1 月到期、执行价格为 65 美元的看涨期权合约仍然是合格持保看涨期权。这份 1 月到期、执行价格为 65 美元的看涨期权合约能够以每股 8 美元或者更高的价格被卖出，这会比例 1 中的交易产生更大的保护作用。

例 3：

假设，除了在 12 月 6 日 XYZ 的开盘价变为 75.5 美元外，交易发生的其他条件同例 1 相同。股票的当日开盘价高出前一交易日收盘价 11%。根据美国国税局的规定，这会提高最低合格基准到低于 75.5 美元的最高执行价格。假设合格持保看涨期权合约为 1 月到期、执行价格为 75 美元的看涨期权合约。这不是使用持保看涨期权交易策略的最佳机会，因为 1 月到期、执行价格为 75 美元的看涨期权合约的价格可能仅有大约每股 1.5 美元，这个价格无法提供足够的下跌保护。在这种情况下，最好等待几天来观察是否 XYZ 股票的收盘价将会低于 75 美元，如果股票价格发生了如你所愿的变动，那么你就能够使用 1 月到期、执行价格为 70 美元看涨期权合约，从而为持有的股票提供更多的保护。

后续变形

变形 1： 在你的股票由于期权行权而被买走之前的任何时间，你都可以通过回购看涨期权合约空头头寸来保留你持有的股票。当然，你卖出期权合约后，如果股票价格大幅上涨，那么回购期权合约需要付出昂贵的成本。

如果股票价格下跌，那么你可以以低于卖出此期权合约的价格来回购这个看涨期权合约空头头寸，并获得买卖期权合约的利润，与此同时，你还可以继续持有股票以便获得未来的收益。在这种情况下，应该避免在新的年度开始前回购期权合约，这是因为期权合约交易的利润在当年会被当作应税收入处理。

变形 2： 1 月，你决定对看涨期权合约空头头寸展期，使用一到期日更远的期权合约头寸来代替原来的期权合约头寸。这样做推迟了你需要放弃手中所持有股票的时间。假设股票价格有小幅的上涨，你决定保留手中持有的股票头寸。那么，你需要以一笔小额损失来回购 1 月到期的看涨期权合约，同时通过卖出另一份在下个月到期、执行价格高于当前股票价格的期权合约来完成展期交易。展期交易的目的是保留你手中持有的股票，同时通过卖出新期权合约获得足够的现金收入来抵消回购 1 月到期期权合约的损失。

小结

当我们寻找一个有利于构建这种持保看涨期权交易策略的机会时，要留心那些股票收盘价低于期权合约执行价格的交易日。如果股票在下一交易日的开盘价格较高（但又没有超出 10%），那么你就可以卖出 1 份看涨期权合约，此合约除了具有时间价值外还包含大量的内在价值。在股票价格开始下跌的情况下，这种方法将为你持有的股票提供最大程度的保护。如例 2 中所述。

确保持保看涨期权价格中包含一些时间价值。这样可以防止提前履约的发生。如果期权买方提前履约，那么你就会被要求在 1 月 1 日前卖出你的股票。

　　值得注意的是，持保看涨期权交易头寸建立后，从股票中获得的最大收益是有上限的。股票价格在未来进一步上涨并不会带来更多的利润。你暂时放弃了从股票上涨中获得更多利润的机会，但保护了已经产生的收益。

　　这里我们建议你，在使用持保看涨期权交易策略之前咨询你的专业税务顾问，从而决定这种交易策略是否适合你个人的情况。

OPTIONS FOR THE BEGINNER AND BEYOND

特殊主题

第三部分包括第 26 ～ 31 章。这部分的每一个章都涵盖一个主题，这些主题都是为想要拓展知识背景的、有期权交易经验的投资者而准备的。所有章都标有星号，因而初次阅读本书的入门读者可以跳过整个部分。

第 26 章

使用期权合约对指数进行日内交易

如果你已经做好了使用期权来对指数或者代表某种指数的交易所指数基金（ETF）进行日内交易的准备，那么这里将概括地介绍如何开始这种交易。本章将介绍关于进行这种交易可以使用的指数种类和基本工具的一些观点。

基本上，目前所有主要的指数和代表某种指数的交易所指数基金（ETF）都有相应的周度期权。出于进行日内交易的目的，你会希望使用周度期权，因为它们更廉价。你同时也希望这些期权具有高流通性，能够方便地进入和退出交易。你还希望指数或者 ETF 的日内价格变动幅度足够大，这样才能产生获取利润的机会。大量交易员最喜欢的、符合这些标准的指数就是 SPY 指数基金，这只基金的价格是标普 500 指数基金价格的 1/10。

SPY 指数基金平均日内价格波动范围大约为 1.8 个点（更精确地说，在过去 2 年里，SPY 指数基金波动范围为其平均日内价格的 1.3%）。日内价格波动范围极少低于 0.6 个点，而在多数的月份中，你会见到一些交易日的日内价格波动范围达到 2 ～ 2.5 个点，与之相对应的道琼斯工业平均指数基金价格变动为 200 个点甚至更高。

进行 SPY 指数基金日内交易最直接的方法就是简单地买入 1 份看涨期权合约或者 1 份看跌期权合约，你可以根据预测 SPY 指数价格变动的方向来选择具体合约。推荐使用少许虚值的周度看涨或者看跌期权。根据距离期权到期日的时间不同，期权合约的价格通常在 0.5 ～ 1.5 美元。期权 Delta 值的大小通常在 0.4 ～ 0.5。一定要谨记，随着 SPY 指数基金价格朝预期方向变动，期权 Delta 值的大小会随之增加，从而提高你潜在的利润水平。

一个合理的目标是赚取当日 SPY 指数基金价格变动的 50% 左右。如果在一天内 SPY 指数基金价格变动幅度为 2 个点，那么你有希望赚取 1 个点的价格变动。若 Delta 值为 0.45，这意味着你能在期权合约的价格上获得每股 0.45 美元的收益。如果你交易了 10 份合约，这就会带来 450 美元的利润。

理想情况下，你希望把发生亏损的交易的平均损失限制在产生盈利的交易的平均利润之下。在现实中，这种情况很难实现。如果为了限制损失而把止损设置得太过严格，那么你会过早地退出很多交易，即使这些交易最终可能是盈利的。对于 SPY 指数基金价格变动为 2 个点的情况，一个合理的目标是将产生亏损的 10 份合约交易损失控制在 500 美元之内。

基于上述关于每笔交易平均盈利和损失的假设，为了使 SPY 指数基金日内交易成为 1 笔成功的投资，对应每 1 笔亏损的交易，你必须至少有 2 笔交易实现盈利。对于每 3 笔 SPY 指数基金价格变动为 2 个点的交易，你需要用 2 笔盈利交易的 900 美元利润来冲抵 1 笔亏损交易的 500 美元损失。在这 3 笔交易中，产生了 400 美元的净收益。最后，手续费将会导致利润降至 350 美元。

每 3 笔基于 10 份合约的交易的预期收益为 350 美元。你也可以通过不同的合约数量来使预期收益满足你的风险容忍度。使用不同的合约数量会带来一些其他需要考虑的问题。如果合约数量较少，那么其优点在于能够更快、更高质量地实现交易下单成交，但是缺点在于手续费占交易成本比重较大。如果合约数量比较多，那么可能会失去交易的流动性，但是手续费的影响将会被降低。在那些价格变动范围明显大于或者小于 2 个点的交易日里，交易的预期收益和预期损失必须被适当地测算出来。

这里需要强调的是，"日内交易"意味着你不会持仓过夜。当然，如果你想要持仓过夜，你也可以这么做，但是这时你就是在使用一个全新的交易理念。如果你真的决定持仓过夜，那么你要提高警惕，因为这会让你面临更大、更多的风险。

这里所描述的日内交易方法的关键点是，实现盈利交易和亏损交易的比例为 2:1。这要靠你对市场方向解读的能力来完成，同样也要靠你对进入交易和退出交易的时机的把握能力。提高这些能力需要时间和实践。

一些基本工具可以帮助你提高日内交易所需的上述必备能力。首先，你需要一个能让你监控所有重要实时数据的交易平台。你必须同时监控实时的期权合约价格和 SPY 指数基金价格。其次，交易平台也必须能够让你快速地发送进入或者退出交易的指令。在日内交易中，你实时跟踪当前发生的行情并根据你的观察和判断做出迅速的反应是非常必要的。

应该通过图表的形式来实现 SPY 指数基金价格变动的可视化。最理想的情况是，你能够通过至少两个具有不同时间尺度的柱状图来跟踪 SPY 指数基金价格变动。一种常见的选择是，一个图表为 1 分钟柱状图，另一个图表为 5 分钟柱状图。1 分钟柱状图对于决定进入和退出交易的点位是有帮助的，5 分钟柱状图能够帮助你识别 SPY 指数基金价格变动的大体趋势。

你应该在你的图表中加入一些技术指标，这能够辅助你判断 SPY 指数基金价格变动的趋势。为了积累经验，你可以尝试不同的技术指标，但是多数日内交易者都会使用一些随机摆动指标来分析短期市场波动。

可能最常见的随机摆动指标是（14，3，3）慢速随机指标（slow stochastic）。在很多数据服务平台上都会默认地提供随机过程分析。你应该在 1 分钟柱状图和 5 分钟柱状图上都设置摆动指标。随机摆动指标用于指出在一个方向上持续的趋势（上涨或者下跌）可能会发生反转并朝相反方向运行的变化。日内交易者使用这些指标指示方向的变化作为交易潜在的进入和退出点位。最可靠的指示信号发生于，当 1 分钟柱状图和 5 分钟柱状图在价格变动方向上发出一致的信号时。

日内交易者也喜欢观察他们的 1 分钟柱状图和 5 分钟柱状图显示出的移动平均指标。最常见的选择包括 13 根柱体、20 根柱体和 50 根柱体的移动平均值。

即使你是在 SPY 指数基金上做日内交易，关注更长时间周期内市场的整体趋势也是明智的做法。例如，若市场处于大牛市之中，你应该更多地偏向于针对 SPY 指数基金的牛市日内交易。请铭记针对交易员的一句名言——"趋势是你的朋友"。在市场发生突变的时候，日内交易会变得极具挑战，因为你很可能对指出市场方向的假信号做出反应。

这里所进行的讨论尚不足以令你马上成为一名成功的日内交易员，但是能够帮助你找到正确的起步方向。推荐你从模拟交易开始，并保留模拟交易的交易日志。这样能够帮助你体会到期权合约价格是怎样对指数价格的变化做出反应的。在你尝试进行实盘交易之前，你也应更熟练地识别随机摆动指标所提供的交易信号。

小结

SPY 指数基金当然不是日内交易工具的唯一选择。其他适用于日内交易的 ETF 包括 DIA 指数基金（追踪道琼斯工业指数）和 QQQ 指数基金（追踪纳斯达克 100 指数）。一些股票也具有流通性很好的周度期权，例如苹果公司（AAPL）和谷歌公司（GOOG），这些个股也值得投资者考虑。

如果你计划进行日内交易，那么你应同你的经纪人取得联系，明确日内交易对你的账户的要求。对于所有经纪人来说，基本的要求是你的账户余额维持在 25 000 美元，但是一些经纪人可能还有额外的要求。

日内交易并不是适合所有人的。这种交易方式要求有很强的纪律性和性格特质，这些方面的特质能够在每分每秒关注市场波动的过程中帮你更好地控制情绪的波动。

第 27 章

Delta 中性策略

Delta 中性策略（Delta-neutral trading）有多种不同的形式，这种策略涵盖的内容远远多于本章中所能介绍的。一些 Delta 中性策略是为了获得利润而设计的，而另一些是为了保护收益而设计的。在本章中，我们将学习资产组合 Delta 中性策略的基本概念，还会通过一个例子来演示如何通过在 Delta 中性的持仓头寸上进行交易来产生收益。

回顾 Delta 的概念

在讨论 Delta 中性交易策略之前，我们有必要回顾一下金融工具（股票、期权、期货等）中 Delta 的概念。在第 4 章"希腊字母"的定义上进行延伸，金融工具的 Delta 可以定义为：在其他影响因素保持不变的情况下，标的股票（或者指数）增长 1 美元所引起的金融工具价值的变化量。根据在股票价格增长 1 美元的情况下，金融工具是否相应地增加或减少，Delta 可以是正数，也可以是负数。

现在我们来分析在持仓单一股票或者期权的情况下，Delta 的概念是怎样被运用的。

（1）作为一个小例子，我们假设金融工具为买入 1 股 XYZ 股票。如果 XYZ 股票价格上涨 1 美元，1 股股票的多头头寸价值增加 1 美元，因此 Delta = 1（=1/1）。同样地，如果金融工具是买入 100 股 XYZ 股票，那么当 XYZ 的股票价格上涨 1 美元时，多头头寸的价值就会增加 100 美元，因此 Delta = 100（=100/1）。

（2）假设金融工具为卖出 1 股 XYZ 股票。如果 XYZ 股票价格上涨 1 美元，1 股股票的空头头寸价值就减少 1 美元，因此 Delta = -1（=-1/1）。同样地，如果金融工具是卖出 100 股 XYZ 股票，那么 XYZ 的股票价格上涨 1 美元，多头头寸的价值就会减少 100 美元，因此 Delta = -100（=-100/1）。

现在我们再看几个金融工具为 XYZ 股票的平值期权合约的例子。在每个例子中，假设 XYZ 股票价格的初始值为 30 美元。

当股票价格上涨 1 美元时，平值看涨期权合约的价格通常上涨 0.5 美元，因此单位股票 Delta = 0.5。如果执行价格为 30 美元的看涨期权合约价格为 2 美元，那么当 XYZ 的股票价格上涨至 31 美元时，执行价格为 30 美元的看涨期权合约价格应该会上涨至 2.5［=2 +（0.5 × 1）］美元。因为 1 份看涨期权合约代表 100 股股票，所以平值看涨期权合约多头头寸的总 Delta = 50（=0.5 × 100）。

对于执行价格为 30 美元的看涨期权合约空头，空头头寸每单位股票的 Delta = -0.5。考虑到 1 份期权合约代表 100 股股票，平值看涨期权合约空头头寸的总 Delta = -50（=- 0.5×100）。

当股票价格上涨 1 美元时，平值看跌期权合约的价格通常下跌 0.5 美元。因此，如果执行价格为 30 美元的看跌期权合约价格为 1.75 美元，并且 XYZ 的股票价格上涨至 31 美元，那么执行价格为 30 美元的看跌期权合约价格应该会下跌至 1.25［=1.75＋（-0.5×1）］美元。因为 1 份看跌期权合约代表 100 股股票，所以平值看跌期权合约多头头寸的总 Delta = -50（=-0.5×100）。

对于执行价格为 30 美元的看跌期权合约空头，此头寸单位股票的 Delta 为 0.5。考虑到 1 份期权合约代表 100 股股票，平值看跌期权合约空头头寸的总 Delta = 50（=0.5×100）。

当看涨期权或者看跌期权的执行价格处于深度实值时，Delta 绝对值就会增大。相似地，当看涨期权或者看跌期权的执行价格处于深度虚值时，Delta 绝对值就会减小。举例来说，执行价格为 25 美元的看涨期权合约多头头寸的 Delta 值可能为 0.75，执行价格为 40 美元的看涨期权合约多头头寸的 Delta 值可能为 0.25。同样地，执行价格为 35 美元的看跌期权合约多头头寸的 Delta 值可能为 - 0.75，执行价格为 20 美元的看跌期权合约多头头寸的 Delta 值可能为 - 0.25。

在前面的讨论中已经表明，平值期权、实值期权和虚值期权的 Delta 值有着相当大的不同。Delta 的真实值随着股票价格的变化而持续地变化。这些真实的 Delta 值可以通过用于期权定价的布莱克 - 斯科尔斯模型求得。一个好的市场数据服务商能够提供准确的实时期权 Delta 值。

Delta 中性投资组合

现在我们将注意力转移到 Delta 中性投资组合的概念上，投资组合是一系列金融工具的组合。Delta 中性投资组合的定义为，投资组合中所有资产的净 Delta 值等于零。为什么这个定义非常重要？

Delta 中性投资组合的重要性体现在：标的股票价格的小幅变动不会对投资组合的净值产生显著影响。换句话说，Delta 中性投资组合对其成分股的小幅价格变动并不敏感。

为了解释 Delta 中性投资组合的概念，我们来分析一个例子，以每股 30 美元的价格买入 100 股 XYZ 股票，同时以每股 1.75 美元的价格买入 2 份执行价格为 30 美元的看跌期权合约。股票多头 Delta = 100（=1 × 100），而看跌期权多头 Delta = −100 [=2 × (−0.50 × 100)]。将此投资组合作为一个整体来看，净 Delta 值为 0（=100 − 100）。投资组合的总价值为 3350 [= (100 × 30) + (200 × 1.75)] 美元。

图 27-1 所示的风险示意图描述了这个投资组合。

现在我们来看一下上述投资组合为何对股票价格的微弱下跌不敏感。假设 XYZ 价格下跌至 29 美元，那么股票价值将减少至 2900 美元。因为每个看跌期权合约多头头寸的 Delta = −0.5（每股），所以股票价格下跌 1 美元，期权合约的价值增加到每股 2.25 { =1.75 + [(−0.5) × (−1)] } 美元。因此，2 份看跌期权合约的总价值增长至 450 [=2 × (100 × 2.25)] 美元。从而，在股票价格下跌 1 美元之后，看跌期权合约的价值在一定程度上有所增加，这使得投资组合的价值维持在 3350（=2900 + 450）美元。

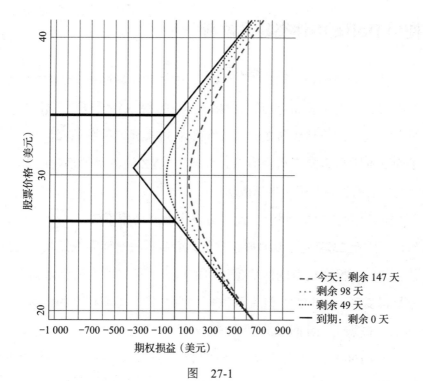

图　27-1

如果 XYZ 价格相反地上涨至 31 美元，那么投资组合的价值仍将维持在 3350 美元。在这种情况下，股票价值增长至 3100 美元，但是 2 份看跌期权合约的价值会减少至 250 美元。

Delta 中性的影响如同图 27-1 所示的风险示意图所描述的那样。我们注意到，在 30 美元附近短期盈利或亏损的曲线比较平滑。

如果股票价格大幅变动（上涨或者下跌），上述投资组合的净 Delta 值不能维持在 0。为了让投资组合回到 Delta 中性的状态，需要对交易进行一些调整。这些调整能够作为交易策略的一部分，使你从 Delta 中性投资组合中获取利润。

使用 Delta 中性交易来盈利

现在我们来看一看如何使用 Delta 中性交易策略从上述的投资组合中盈利。以每股 30 美元的价格买入 100 股 XYZ 股票，同时以每股 1.75 美元的价格买入 2 份执行价格为 30 美元的看跌期权合约。为了使这种交易策略变得最有效，你需要 XYZ 的股票价格在以 30 美元为中心的价格范围内上下摆动。

刚开始的时候，假设在投资组合构建成功后不久，XYZ 的股票价格下跌至 25 美元。此时股票价值会受到损失，而看跌期权合约价值会增长。投资组合的净价值很可能增加，但是净价值的增加额尚不足以变现成为利润。现在看跌期权合约是实值期权合约，Delta = -0.75（每股），因而 2 份看跌期权合约的总 Delta = -150 [$=2 \times (-0.75 \times 100)$]。因为股票多头的 Delta = 100，整个投资组合的 Delta = -50（$=100 - 150$）。

为了使投资组合回到 Delta 中性状态，你可以额外以每股 25 美元的价格买入 50 股股票。然后，此投资组合的构成变为 150 股的 XYZ 股票多头和 2 份执行价格为 30 美元的 XYZ 股票看跌期权合约多头，净 Delta 值 =0（$=150 - 150$）。

随着时间的推移，假设 XYZ 股票价格上涨至 31 美元。看跌期权合约将会回到 Delta = -0.5（每股）的状态，此时 2 份期权合约的总 Delta = -100。现在投资组合有 150 股 XYZ 股票，净 Delta = 50（$=150 - 100$）。

为了使投资组合回到 Delta 中性状态，你可以卖出之前以每股 25 美元的价格买入的 50 股股票。这会产生 300 [$=50 \times (31 - 25)$] 美元的利润。

现在假设 XYZ 股票价格继续上涨至 35 美元。此时看跌期权合约的 Delta = -0.25（每股），2 份期权合约的总 Delta = -50。对于投资组合而言，净 Delta = 50（=100 - 50）。

为了使投资组合回到 Delta 中性状态，你以 2 美元 / 股的价格买入 1 份执行价格为 35 美元的 XYZ 股票看跌期权合约，这笔交易的总成本为 200 美元。因为这份新看跌期权合约多头是平值期权合约，它的 Delta 值为每股 - 0.5，因此 1 份期权合约的总 Delta = -50。然后此投资组合的结构变为 100 股的 XYZ 股票多头头寸、2 份执行价格为 30 美元的 XYZ 股票看跌期权合约多头头寸和 1 份执行价格为 35 美元的 XYZ 股票看跌期权合约多头头寸，净 Delta 值等于 0 ｛=100 + ［2 ×（-25）］+［1 ×（-50）］｝。

随着时间继续推移，假设 XYZ 股票价格下跌至 30 美元。执行价格为 30 美元的看跌期权合约将再次回到 Delta = -0.5（每股）的状态，此时 2 份期权合约的总 Delta = -100。执行价格为 35 美元的看跌期权合约的 Delta = -0.75（每股），此时这份期权合约的总 Delta = -75。对于整个投资组合，净 Delta = -75 ｛=100 +［2 ×（-50）］+［1 ×（-75）］｝。

为了使投资组合回到 Delta 中性状态，你可以卖出那份执行价格为 35 美元的看跌期权合约，这份期权合约的原始成本为每股 2 美元，现在它的价格为每股 6 美元。这会产生 400 ［=100 ×（6 - 2）］美元的利润。

总结 Delta 中性交易策略产生的所有价格，你可以看到，通过调整来保持投资组合始终回到净 Delta 值为 0 的状态，总利润为 700（=300 + 400）美元。

这个用来描述 Delta 中性交易过程如何进行的例子是理想化的。在现实中，这些结果是非常难以实现的。这里并没有提到期权合约时间价值损失的问题。这种损失将会抵消 Delta 中性调整中产生的一部分收益。一个与之相关的问题是，股票价格变动的周期是被设想发生在期权合约的存续期之内的。

有很多其他的投资组合（期权的组合、股票和期权的组合）可以实现 Delta 中性状态，但是这些投资组合可能并不适合在交易中维持中性条件。例如，在第 24 章 "铁鹰式期权和双对角线期权" 中介绍的铁鹰式期权交易策略就是在开始时实现了 Delta 中性，但很难能够通过持续地调整来维持这种状态。

第 28 章

最大痛苦理论

围绕着最大痛苦理论（theory of maximum pain）有很多神秘的说法。对于这个理论大家更熟悉的称呼是最大痛苦效应或者执行价固定。它主要是试图解释在临近期权合约到期日的最后几天里，交易者经常观察到的一种股票（或指数）价格的奇特变动。

简要地说，最大痛苦发生在随着期权到期日的临近，股票价格看似被锁定在期权合约执行价格上的时候。在最后几个交易日里，股票价格就像是被弹力绳拴住一样在执行价格附近上下摆动。执行价格通常就是在即将到期的期权合约中具有最大数量的未平仓合约的执行价格。

关于最大痛苦效应已经有很多种不同的解释。一些解释将其描述成做市商操纵股票价格的一个大阴谋。这种解释暗示做市商协商一致来操纵股票价格，使其锁定在一定的价格水平上，这将导致最大数量的平值期权将会在到期时毫无价值。这种解释假设了只有散户交易者持有那些在到期日没有价值的期权合约，因此做市商给群众性投资施加了最大金融痛苦。这种解释似乎是最大痛苦效应的名称的出处。

因为最大痛苦效应的焦点看似在执行价格上，人们开发了用于预测在期权合约到期日精确的目标价格（执行价格附近的某个价格）的系统。这些预测是基于计算每份当月到期的期权合约中未平仓合约数量的特定算法。有一些收费服务可以为投资者预测任何股票或者指数的目标价格。但我想说这些预测经常是不准确的。

每个月，随着期权合约到期日的临近，你会发现一些股票价格表现出的波动同最大痛苦理论所说明的情况一致。但是，还有一些其他股票，明显受到类似的市场环境影响，但其价格波动和最大痛苦理论所说明的情况却没有丝毫相似之处。

我们还需要寻找一种能够一贯地预测最大痛苦效应将在什么时候发生以及目标价格是多少的可靠理论。事实上，确实有一种合理的解释能够说明最大痛苦效应发生时究竟发生了什么。这种解释不需要假设存在任何做市商的巨大阴谋。仅需要假设一些做市商利用随着期权合约到期而出现的特殊市场环境进行与合乎逻辑的、低风险的交易策略相一致的个人交易行为。

需要明确的是，任何能够改变股票基本面的重大新闻总是可以使最大痛苦效应无效。如果一家公司在期权合约到期的当周发布财务报告警示，那么在每个大型机构都在抛售大量股票的时候就很难达成目标价格。

在不怀疑存在阴谋的情况下，让我们来考虑一个更合理的交易场景来理解产生最大痛苦效应的市场动态变化。假设在当月期权合约到期日的前几天，XYZ 股票交易价格为 26 美元。同时假设有很大数量的即将到期、执行价格为 25 美元的 XYZ 股票看涨期权和看跌期权未平仓。

如果 XYZ 价格下跌至 25.5 美元，这些持有当月到期、执行价格为 25 美元看涨期权合约多头头寸的散户交易者将会感觉到时机对他们不利，他们倾向于尽快卖出期权合约来挽回一部分初始投资。做市商清楚地知道期权合约的持有者已经没有太多的时间，他将会为即将到期、执行价格为 25 美元的看涨期权合约报出每股仅 0.45 美元的折扣价格。

散户交易者以每股 0.45 美元的价格把他们的期权合约卖给做市商。现在做市商持有具有短暂存续期的、执行价格为 25 美元的看涨期权合约多头头寸。为了保护自己的头寸，做市商以 25.5 美元的价格卖出 100 股 XYZ 股票。这个投资组合令做市商的头寸处于不会亏损的状态，并且还可能有机会获得意外的利润。

如果随着期权合约到期日的到来，股票价格上涨，做市商在股票上的空头头寸将会有损失。但是做市商能够执行他的看涨期权合约多头头寸，以每股 25 美元的价格买入 100 股股票保护他的股票空头头寸。事实上，每份合约将会有 5 [= (25.5 − 25 − 0.45) × 100] 美元的收益。这笔利润看起来微不足道，但是将 5 美元和做市商持有的成百上千的期权合约数量相乘，就会产生可观的收益。

做市商意料之外的利润发生在 XYZ 股票价格出现大幅下跌时。假设在期权合约到期日 XYZ 价格下跌至 24 美元。期权合约在到期时会变得毫无价值，做市商将损失为获得看涨期权合约多头头寸而支付的每股 0.45 美元的购买成本。但是，做市商会在他的股票空头头寸上获得每股 1.5 美元的利润，即每份合约获得了可观的 105 [=（25.5 - 24 - 0.45）× 100] 美元的净利润。

这和最大痛苦效应有什么关系呢？做市商卖出 XYZ 股票，就会给股票价格带来下行压力。如果在执行价格为 25 美元的看涨期权上有大量的未平仓合约，那么做市商就可能卖出数额巨大的股票。这种交易行为会改变 XYZ 股票价格的走向，很可能使价格下跌到 25 美元以下。

现在我们将注意力转移到另外一个希望看到 XYZ 股票价格跌至 24.5 美元的做市商身上。这个做市商为即将到期的、执行价格为 25 美元的看跌期权合约报出每股 0.45 美元的折扣价格。那些持有这些执行价格为 25 美元的看跌期权合约多头头寸的散户交易者为了挽回一部分初始投资，急于卖出他们的期权合约。

做市商一旦买入这些看跌期权合约，他就会以 24.5 美元的价格买入 100 股 XYZ 股票。如前所述，这个投资组合令做市商的头寸处于不会亏损的状态，还可能有机会获得意外的利润。

如果随着期权合约到期日的到来，股票价格下跌，做市商的股票多头头寸将会受到损失。但是做市商能够执行他的看跌期权合约多头头寸来强制其他交易者以每股 25 美元的价格购买 100 股他所持有的股票。再一次，每份合约将会有 5 美元的收益。如果将这笔收益按照做市商持有的合约数量累计相加成百上千次，那么合计起来的数额将非常可观。

做市商意料之外的利润发生在 XYZ 股票价格出现大幅上涨时。假设在期权合约到期日 XYZ 价格上涨至 26 美元。期权合约在到期时会变得毫无价值，做市商会损失为获得看跌期权合约多头头寸所支付的每股 0.45 美元的购买成本。但是，做市商会在他的股票多头头寸上获得每股 1.5 美元的利润，即每份合约获得了可观的 105 美元的净利润。

这个做市商通过买入 XYZ 股票给股票价格带来上行压力，从而带来最大痛苦效应。如果在执行价格为 25 美元的看跌期权上有大量的未平仓合约，那么做市商就可能买入数额巨大的股票。这种交易行为会改变 XYZ 股票价格的走向，很可能使价格上涨到 25 美元以上。

现在我们观察到这两个彼此独立行动的做市商，他们实际上以不断变化的方式互相制约着彼此，使得股票价格保持在 25 美元附近。如果执行价格为 25 美元的看跌期权和执行价格为 25 美元的看涨期权合约都存在大量的、数量大体相等的未平仓合约，那么这将导致在 25 美元的价格水平上有大量的买入和卖出股票的交易。这种两种交易行为相互作用的结果就是股票价格在 25 美元附近波动。

上述做市商在到期周所使用的低风险策略也可为成熟的散户交易者所用。散户交易者不能创建无损失的头寸，因为散户交易者无法以折扣价购买期权。相反，散户交易者不得不在要价附近购买期权，这将包括一些时间价值。如果交易者可以熟练地同时买入期权并进入相应的股票仓位，那么风险仅限于期权的时间价值。该策略一旦建立，当股价朝着正确的方向移动时，这种低风险头寸就有可能获得意外的利润。

第 29 章

隐含波动率和布莱克 – 斯科尔斯公式

　　隐含波动率的概念在期权交易定价中十分重要。有经验的期权交易员已经学会使用隐含波动率，因为期权合约的隐含波动率暗示着期权合约定价是否被高估或者低估。为了更全面地理解隐含波动率的含义，你需要学习一些关于著名的布莱克 – 斯科尔斯公式中阐述的期权定价理论的基本知识。

　　本章的目的是提供一些关于布莱克 – 斯科尔斯公式的背景知识和深入理解，同时解释如何由此公式计算隐含波动率，另外，还会简要地介绍隐含波动率在交易中的应用。

历史背景

　　回溯到 20 世纪 70 年代初期，当股票期权第一次出现在投资者面前时，每个人都在猜想这些期权合约应该如何被定价。显而易见地，期权合约价格应该同标的股票价格相关，但是除此以外的事情都是含糊不定的。那时候，有三个走在金融理论界前沿的学者尝试去解决这个问题，他们分别是费希尔·布莱克、迈伦·斯科尔斯和罗伯特·默顿。

这三个人通过研究成功推导出期权合约定价的重要公式。因为这个公式首先出现在布莱克和斯科尔斯在 1973 年所发表的论文中，所以这项成果被命名为布莱克 - 斯科尔斯公式。24 年后的 1997 年，默顿和斯科尔斯因他们在期权定价上的开创性成就被授予诺贝尔经济学奖。如果布莱克没有过世的话，那么他应该一起分享这份殊荣。

布莱克 - 斯科尔斯公式求导

这部分想要在不介绍数学推导细节的情况下提供关于如何获得布莱克 - 斯科尔斯公式的概述。觉得这些讨论过于技术化的读者可以跳过这一部分。

第一部分　布莱克 - 斯科尔斯公式的第一部分对描述股票价格变动的等式进行了完善。这个等式包含用于描述股票价格变化的两个基本组成部分。其中一个组成部分代表了投资行为的简单收益，即收益占股票价格的百分比。这个部分有些像在股票上投资所赚取的复利，同时它总能起到推动股票价格上涨的作用。另一个组成部分是每分每秒的新闻、谣言和虚假行为产生的随机影响，这些影响会对持有的股票产生有利或者不利的作用。这个随机影响的组成部分可能对股票价格的变化有正面的影响（由于好的消息），也可能对股票价格的变化有负面的影响（由于坏的消息）。当股票价格下跌时，这个组成部分产生的负面影响较大，从而压制了简单收益部分。

我们通过一个叫作波动率的参数来衡量随机影响组成部分对每时每刻发生的事件的敏感性。这个波动率参数对于每个股票都不同。举例来说，一只最近首次公开发行的股票常常表现出较高的波动率，例如股票价格会因微小的新闻事件而大幅上涨或者下跌30%。与这种情况相反，当重大新闻发生时，一只具有较低波动率的、稳定的道琼斯指数股票只会上涨或者下跌3%。关于这个波动率参数的更多细节将会在下文中进行介绍。

第二部分 布莱克－斯科尔斯公式的第二部分代表了布莱克、斯科尔斯和默顿对期权定价做出的巨大贡献。他们提出了一个理想化的投资组合，这个投资组合由一些股票的多头头寸和一个看涨期权合约的空头头寸组成。这个假定的投资组合的目标是通过连续地调整股票数量来抵消第一部分中所描述的随机因素产生的影响。这要求不断地、每分每秒地买入和卖出股票，这只能在理想化的条件下实现。

接下来，在每个随机影响都是相互独立的条件下我们可以推导出，如果能够持续地调整这个理想化投资组合，那么投资组合就可以确保产生收益。在高效率的美国市场上，最有保障的收益来源于美国国库券或者与美国国库券类似的工具，这些金融工具的收益基于美联储规定的利率。因此，我们可以得到的重要结论是，理想化投资组合的短期增长必须完全等于在相同期限内持有美国国库券所得到的收益。

第三部分 在理论的最后一部分，我们将第一部分和第二部分中所描述的组成部分以数学的形式联系在一起。然后，通过使用随机过程计算（一种经典的计算随机结果方法的扩展），用偏微分方程来表示在理想化投资组合中看涨期权合约的价格。求解此偏微分方程就可以得到用于计算看涨期货合约价格的"布莱克 - 斯科尔斯公式"。

布莱克 - 斯科尔斯公式的应用

现在我们来讨论布莱克 - 斯科尔斯公式该如何使用。这个公式是一个复杂的数学表达式，这里我们不将其列出来。如果只是为了理解此公式如何使用，那么并没有必要看到公式本身。为了从公式中计算出所需的结果，需要使用众多特殊的计算器或者软件程序中的一种，布莱克 - 斯科尔斯公式已经被编写入这些系统中。

为了计算看涨期权合约的当前价格，布莱克 - 斯科尔斯公式要求输入 5 部分信息，它们分别是：①股票的当前价格；②期权合约的执行价格；③距期权合约到期日的剩余时间；④当前利率；⑤在第一部分中已经详细说明过的，股票波动率。

除股票波动率外，其他各个信息都很容易得到。对于如何确定股票波动率数值，已经有大量的解决方法被提出来。

股票波动率的确定可以选择与股票相关的历史波动率。通过每日股票收盘价相对其样本均值的年化标准差来计算股票历史波动率。

将历史波动率和其他 4 部分输入信息输入布莱克 - 斯科尔斯公式，公式（通过期权计算器）会计算出期权合约的理论价格。我们可以预测到，通过这种计算得到的理论价格几乎不会同市场中真实的期权合约价格相符。这意味着历史波动率不适合用于精确地确定期权合约价格的波动。

虽然期权合约实际价格和通过使用股票历史波动率的布莱克－斯科尔斯公式计算出的理论价格之间有很大的差异，但是这个差值可以作为一种值得研究的信息。如果我们将理论价格看成某种基于年化平均波动率的标准值，那么通过比较就可以看出期权合约实际价格是昂贵还是廉价。当期权合约实际价格看起来被低估时，我们会想要买进期权合约。当期权合约实际价格看起来被高估时，我们会想要去构建一个卖出期权合约的交易。

隐含波动率

在上面的内容中介绍的布莱克－斯科尔斯公式的应用并不是这个公式最常见的使用方式。正如已经指出的，运用布莱克－斯科尔斯公式的薄弱环节在于波动率的选择。为了避开这个问题，我们采用一种不同的方式来运用布莱克－斯科尔斯公式，公式中的波动率被赋予了新的解释。

最常见的方法是将来自市场的实际期权合约价格插入到布莱克－斯科尔斯公式中，然后让公式告诉我们波动率是多少。通过这种方式确定的波动率被称为"隐含波动率"，或者简称为 IV。

使用历史波动率来计算期权合约理论价格的一个主要缺陷在于，对于所有具有不同执行价格和到期月份的期权合约都使用同样的参数值。使用把实际期权合约价格插入到布莱克－斯科尔斯公式的方法，可以为每个单独的期权合约计算隐含波动率。这些计算结果揭示了每个期权合约的隐含波动率有很大不同。同时，隐含波动率值会根据股票市场环境的变化而迅速改变。

隐含波动率的应用

在交易中如何使用隐含波动率呢？首先，我们先将隐含波动率和历史波动率做一个比较。同时，我们可以检验隐含波动率的历史数据，从而找出隐含波动率的当前值与历史值的不同。这些比较将会体现出期权合约价格目前是否被高估或者低估。

作为一种交易工具，隐含波动率在选择日历价差期权交易中尤其有用。通过对比具有相同执行价格但到期月份不同的两份看涨期权（或看跌期权）合约的隐含波动率，对一个可能发生的日历价差期权交易进行评估，如果即月期权合约比远月期权合约具有更高的隐含波动率，我们就称之为波动率倾斜（volatility skew）。在买入相对便宜的远月期权合约，同时卖出相对昂贵的即月期权合约构造的日历价差期权交易中，这种波动率倾斜十分重要。这个概念在第 13 章 "高级日历价差期权" 中有更详尽的解释。

查看期权合约的隐含波动率也是一种避免被套牢的好方法，这在期权交易中被称为波动率挤压（volatility crush）。购买一份具有极高隐含波动率的期权合约可能是一个代价巨大的错误投资。高隐含波动率经常会和一些对标的股票价格产生剧烈影响的因素有关，例如收购的传言、FDA 对药品的正式批准、法院案件的判决等。一旦这些影响因素消失，隐含波动率就会跌回到更加正常的水平，期权合约的价格就会被 "挤压"。

小结

　　布莱克 – 斯科尔斯公式和此公式一些最常见的变形在指导期权交易员进行交易上扮演了重要的角色。虽然看起来通过布莱克 – 斯科尔斯公式来确定期权合约的隐含波动率落后于用公式来确定期权合约的理论价格。但是经验表明，期权合约的隐含波动率是一个非常有用的概念，因为市场中期权合约的价格能够为每份期权合约单独提供波动率的真实值。对比历史波动率，当前的隐含波动率是判断期权合约价格当前是否被高估或者低估更加可靠的检验量。

　　友好的期权经纪公司会在它们的数据推送中提供隐含波动率的数值。此外，芝加哥期权交易所（CBOE）网站也有提供波动率数值的服务。

第 30 章

看跌期权 – 看涨期权平价关系

看涨期权合约成本高于看跌期权合约成本

通过观察很容易看到看涨期权合约实际上比看跌期权合约更加昂贵。首先，找一只市场价格与期权合约执行价格相同的股票。然后，查看具有相同执行价格和相同到期月份的看涨期权合约和看跌期权合约的价格。你可能会以为这些期权合约具有相同的价格，但是事实上，你将发现看涨期权合约的价格总是高于看跌期权合约的价格。在即月到期的期权合约上这种差别可能很小，但是对于到期日在远月的期权合约，这种差别变得非常大。最显著的差别体现在长期期权上。

在期权定价理论中，看涨期权合约和看跌期权合约之间价格的差被称为看跌期权 – 看涨期权平价关系，尽管看起来更恰当的名称应该是看跌期权 – 看涨期权不等价关系。价格差出现的原因是什么？为什么在期权交易中期权平价关系如此重要？这一章我们将回答这些问题。

为了理解为什么看涨期权合约比看跌期权合约更昂贵，我们需要对期权合约定价理论进行进一步的研究。在期权的理论研究中，最常用的方法是使用假定投资组合。这种方法就是构建一个理想化的投资组合，通过将这个投资组合与一个更加真实的投资组合做对比，揭示一些基本的真相。

我们假定这样一个投资组合，买入 100 股股票，每股价格表示为 $S(t)$。这个投资组合还包括买入一份看跌期权合约，每股价格表示为 $P(t)$。投资组合的最后一部分是卖出一份看涨期权合约，每股价格表示为 $C(t)$。

这两份期权合约具有相同的执行价格 K，也具有相同的到期时间。整个投资组合每股价值用 $V(t)$ 表示，$V(t)$ 的表达式如下：

$$V(t) = S(t) + P(t) - C(t) \qquad (30\text{-}1)$$

我们注意到，用于标记不同价格的字母都已经被附加了 (t) 记号。这个记号提醒我们，每个价格都会随着时间的变化而变化。执行价格 K 不带有这个记号，这是因为它的值并不随时间变化。

在这个理想化的投资组合中，我们想要排除期权合约被执行的可能性。所以我们假设这两份期权合约还剩余足够的时间价值，从而避免在到期日之前发生履约。

为了对式（30-1）所表示的理想化投资组合的特性有更深入的认识，我们来看看在期权合约到期时式（30-1）的值是多少。我们用 $t = T$ 来表示期权合约到期时。在期权合约到期时，股票价格 $S(T)$ 可能高于或者低于期权合约的执行价格 K。我们需要分析这两种可能性。

如果在期权合约到期时的股票价格 $S(T)$ 高于执行价格 K，看涨期权合约的价值为 $C(T) = S(T) - K$，同时看跌期权合约将会变得毫无价值，即 $P(T) = 0$。在这种情况下，由式（30-1）可以得到 $V(T) = K$。这也就是说在期权合约到期时理想化投资组合的价值等于期权合约的执行价格 K。

如果在期权合约到期时的股票价格 $S(T)$ 低于执行价格 K，看跌期权合约的价值为 $P(T) = K - S(T)$，同时看涨期权合约将会变得毫无价值，即 $C(T) = 0$。在这种情况下，由式（30-1）可以得到 $V(T) = K$。再一次，我们发现在期权合约到期时理想化投资组合的价值等于期权合约的执行价格 K。

在分析过两种可能的结果后，我们得出这样一个结论，在期权合约到期时不论股票价格怎样变化，式（30-1）中所描述理想化投资组合总是具有相同的价值，可以表示为：

$$V(T) = K \qquad\qquad (30\text{-}2)$$

现在我们针对当 $t < T$ 时（即期权合约到期之前的任意时间）理想化投资组合的价值应该等于多少，设计一个合乎逻辑的自变量。设计此自变量的逻辑如下。

在期权合约到期之前的任意时间，如果你将要购买式（30-1）所描述的投资组合，那么这个组合的合理价格应该是多少呢？从式（30-2）中我们发现，在期权合约到期时可以确保投资组合价值为 K 美元。我们应该以 K 美元来购买这个投资组合吗？当然不是。如果为了拥有这个数月后才价值 K 美元的投资组合而立即支付给卖家 K 美元，那么我们就太愚蠢了。卖家会非常乐意得到我们这笔钱，并将这笔收入投资于无风险的附息产品上，比如说美国国库券。在期权合约到期日，他们会将美国国库券变现，并以 K 美元的价格买回这个投资组合，同时还获得了利息收入。因此，我们可以总结出期权合约到期前式（30-1）所示投资组合真正的价值应该是 K 美元的现值，这是为了补偿从交易结束到期权合约到期这段时间所能获得的利息。我们可以用下面的式子表示这个投资组合的价值：

$$V(t) = K \times \exp\left[-r(T-t)\right], \ t < T \qquad (30\text{-}3)$$

在式（30-3）中，r 代表美国国库券的利息，$T-t$ 表示距离期权合约到期还剩余的时间。$\exp[\ ]$ 表示指数函数，此函数用于描述连续复利。

我们将式（30-1）和式（30-3）合并在一起可以得到看跌期权 – 看涨期权平价关系：

$$C(t) - P(t) = S(t) - K \times \exp\left[-r(T-t)\right], \ t < T \qquad (30\text{-}4)$$

现在我们能够用式（30-4）所表示的看跌期权 – 看涨期权平价关系来证明看涨期权合约价格高于看跌期权合约价格。为了公平地对比看涨期权合约和看跌期权合约的价格，我们希望股票价格等于期权合约的执行价格。也就是说，我们希望在 $S(t) = K$ 时进行对比。在这个特别的情况下，式（30-4）变成以下形式：

$$C(t) - P(t) = K\{1 - \exp\left[-r(T-t)\right]\} > 0, \ t < T \qquad (30\text{-}5)$$

因为式（30-5）的右边为正数，可以推出 $C(t) > P(t)$，也就是说看涨期权合约的价格总是高于看跌期权合约的价格。

看跌期权 – 看涨期权平价关系的应用

#1. 式（30-4）的一个重要的应用就是"合成股票"的概念。通过买入一份看涨期权合约和卖出一份具有相同执行价格 K 和到期月份的看跌期权合约来构建一个股票的合成品，作为以执行价格 K 买入

100 股股票的替代品，这个合成的股票能够在多大程度上跟踪真实股票交易呢？在 $t = T$、期权合约到期时，式（30-4）变为以下形式：

$$C(t) - P(t) = S(T) - K \qquad\qquad (30\text{-}6)$$

也就是说，价值为 $C(t) - P(t)$ 的合成股票刚好等于以执行价格 K 买入股票的利润或亏损。

合成股票的概念已经在第 21 章 "股票替代品" 中介绍过。这种产品非常具有吸引力，因为同买入股票的成本相比，$C(t) - P(t)$ 的成本相对比较小。这意味着可以用实际股票价格的一小部分资金来模拟出股票收益情况。当然，你必须谨记看跌期权合约空头头寸会被你的经纪人视为是 "裸露的"，如果持有这个头寸，他们会要求你的账户中有一定的保证金。

#2. 使用长期期权构建 "双限期权交易" 是实现长期的、买入并持有股票的有效期权交易策略。我们已经在第 18 章、第 19 章中对双限期权交易进行了讨论。在这种交易中，购买股票是为了长期持有，同时购买平值长期看跌期权合约是为股票的买入价格提供保护，而卖出虚值长期看涨期权合约是为买入看跌期权融资。在适当的市场环境中，这种双限期权交易的构建可以使你的投资基本上没有风险，而且还可能让年化收益水平上升 15% ～ 20%。

双限期权交易具有无风险的一面，因为长期看涨期权合约比长期看跌期权合约具有更多的时间价值，如式（30-4）所示。将出售更昂贵的长期看涨期权合约获得的现金用于买入相对廉价的长期看跌期权合约。正是这种价格差异促成了令人满意的双限期权交易。

第 31 章

重复双限策略

本章我们将介绍一种特殊类型的双限交易，我们称之为重复双限策略（repetitive collar strategy，RCS）。该策略是本书第 18 章、第 19 章双限交易的另一种变化形式。重复双限策略涉及在连续 3～4 周的时间间隔里重复使用双限交易，这依托于合适的周度期权和月度期权。这个策略主要适用于在未来几个月的时间里预期横盘的股票或 ETF。这种重复双限交易期权策略与时间跨度为 10～12 个月或更长的标准双限期权具有显著的区别。

重复双限期权的目标是在每 3～4 周的时间里产生平均约 5% 的收益。标的股票或 ETF 必须要有充足的波动，或者其平价看涨期权在短期（3～4 周）有足够的时间价值。组成双限期权的股票或 ETF 将会被一个到期时间比短期（3～4 周）看涨期权长（4～8 周）的实值看涨期权所取代。该双限期权的下行风险将会被一个短期（3～4 周）看跌价差期权保护。

虽然我们的目的是在几个月内持续执行 RCS，但随着短期期权临近到期日，所有期权都将被平仓。为了将交易延续到下一个时间段，具有相似特征的新期权将以与标的股票或 ETF 的更新价格水平相对应的执行价格启动。进行此 3 ～ 4 周的更新的原因是：①为了在即将到期的短期看涨期权中获取大部分（如果不是全部）的时间价值；②避免长期看涨期权中的时间价值进一步衰减；③在适当的时候从看跌价差期权中获得最大利润；④调整新期权的执行价格来反映标的股票或 ETF 的现价。3 ～ 4 周更新一次交易的另一个优点是：如果标的股票或 ETF 不再适合投资，这种方式提供了定期中断交易的机会。

2019 年，有许多股票和 ETF 在这一年中的大部分时间都呈现盘整后上升的趋势。这些股票和 ETF 大部分适用 RCS。举个例子来说明，我们将在 3 月中旬到 7 月初的 15 周的时间内跟踪 XYZ。在这段时间里 XYZ 股价最初呈温和上升态势，但在上升过程中一度大幅度回调。此时可以选择 XYZ 周度期权，即在 3 周长的连续时间区间内应用 RCS。

第一个为期 3 周的交易于 3 月 22 日开始，当时 XYZ 的交易价格在 282 美元左右。预计这次交易将在 4 月 12 日前后结束。交易的第一个头寸是以 22.73 美元的价格购买 6 月（6 月 7 日）到期、执行价格为 262 美元的看涨期权。在购买时，这个看涨期权的 Delta = 0.8。以 XYZ 股价的 8% 左右的价格买入这一看涨期权，将得到 XYZ 股价上涨的 80% 左右的回报。对于买入周期在 10 ～ 12 周的看涨期权，建议选择 Delta 值在 0.8 左右作为 RCS 的标准。

交易的第二个头寸是以 3 美元的价格出售 4 月（4 月 12 日）到期、执行价格为 282.5 美元的看涨期权。该平值看涨期权空头的执行价格的选择是为了给短期期权提供最大的时间价值。此外，时间价值超过买入看涨期权成本的 10%，这也是 RCS 的一个关键特性。

RCS 的最后一步是购买一个与卖出看涨期权的到期日相同的垂直看跌价差期权。这个操作的目的是：在看跌期权到期时，若 XYZ 价格下跌，则买入这个垂直看跌价差期权将为其提供一定的保护。这个垂直看跌价差期权是买入 4 月（4 月 12 日）到期、执行价格为 277 美元的看跌期权和卖出 4 月（4 月 12 日）到期、执行价格为 273 美元的看跌期权，净成本为 1 美元。如果垂直看跌价差期权的成本不超过卖出看涨期权时间价值的 1/3，就可以接受。看跌价差期权的执行价格上限可以远低于标的 XYZ 的价格，因为如果出现回撤，卖出看涨期权的时间价值也会提供保护。

当卖出的看涨期权于 4 月 12 日到期时，XYZ 在 288 美元附近交易。为了平仓，买入的看涨期权将以 28 美元卖出，卖出的看涨期权将以 4.92 美元买入。垂直看跌价差期权到期时没有价值。买入看涨期权的收益减去卖出看涨期权和买入垂直看跌价差期权的损失后，得到净利润为 2.35 $[=(28-22.73)-(4.92-3)-(1-0)]$ 美元。原始头寸的净成本为 20.73（=22.73 + 1 - 3）美元，该利润表示前 3 周的回报率为 11.3%。这大大超过了 5% 的目标平均回报率，但我们并不指望在每 3 周的时间段内都能获得利润。

在之后的 12 周，以相似方式每隔 3 周使用一次 RCS。这样算下来，之后每 3 周的回报率分别为 6.2%、-10.9%、7.8% 和 11.8%。也就是说 15 周内的净回报率为 26.2%，意味着每 3 周平均有 5.2% 的回报率。

2019 年是使用 RCS 的好年份，因为在这一年的大部分时间里，市场处于总体上升趋势。按每隔 3 周进行一次交易，一整年的这 18

笔交易组合将产生 97.7% 的总回报，每 3 周的平均回报率为 5.4%。

如前所述，RCS 的一个优点是：当继续交易出现问题时，可以在每个短期间隔（3 ～ 4 周）的期末退出交易。为了证明 RCS 的这种灵活性，我们来看一个交易时长为 6 周的例子。

2019 年 10 月 18 日，科技股 ZYX 的交易价格接近 190 美元，该股票预期将在年底前走高。RCS 的第一步是以 29.84 美元的价格买入 12 月（12 月 20 日）到期、执行价格为 165 美元的看涨期权。买入时看涨期权的 Delta = 0.8，距离到期日为 9 周。

交易的第二步是以 9.64 美元的价格卖出 11 月（11 月 15 日）到期、执行价格为 190 美元的看涨期权。这一权利金价格较高（占买入看涨期权的 32%）的主要原因是有传言称这家科技公司将有利好消息传出。RCS 的最后一个组成部分是建立下行风险保护，具体操作为以价差的形式买入 11 月（11 月 15 日）到期、执行价格为 180 美元的看跌期权并卖出 11 月（11 月 15 日）到期、执行价格为 175 美元的看跌期权，成本为 1.35 美元。

临近 11 月 15 日到期前，ZYX 的价格已上涨至 210 美元附近。买入看涨期权存在可观的利润，足以抵消卖出看涨期权和毫无价值的看跌价差期权成本的损失。虽然现在可以通过简单地退出交易获得可观的利润，但我们最终决定延长 3 周交易，主要原因在于短期期权权利金持续走高说明 ZYX 股价存在更大的增长潜力。

在 3 周的延长交易中，我们实施了 RCS 的修改版本。我们决定继续持有买入的 12 月（12 月 20 日）到期、执行价格为 165 美元的看涨期权，由于其剩余时间价值较小且 Delta 值增加至 0.95，这意味着该看涨期权的表现与股票基本相同。以 20.44 美元的价格回购 11

月（11 月 15 日）到期、执行价格为 190 美元的看涨期权意味着该交易的这一部分损失了 10.8 美元。为了抵消大部分损失，以 10.25 美元的价格卖出 12 月（12 月 3 日）到期、执行价格为 207.5 美元的看涨期权。ZYX 的交易价格为 210 美元，权利金 10.25 美元体现了 2.5 美元的内在价值和 7.75 美元的时间价值。

直观上看，接下来 3 周的时间里可获得大量的时间价值，因此该交易值得继续。此外，如果 ZYX 出现回调，卖出看涨期权所收到的大额权利金将提供充分的下行保护。因此，在后续交易中未使用保护性的看跌价差组合。

在 12 月 3 日，也就是卖出看涨期权的到期日，ZYX 的交易价格在 212 美元附近。由于在最近 3 周里只获得了少量的额外收益，因此决定终止 RCS 策略，并把 2 个剩下的期权头寸全部平仓。看涨期权多头以 47.07 美元的价格出售，利润为 17.23 美元。看涨期权空头以 4.46 美元的价格买回，利润为 5.79 美元。因此，在 6 周的交易中总共获得的净利润为 10.87（=17.23 + 5.79 − 10.8 − 1.35）美元。根据双限策略 21.55 美元的初始成本计算，该利润相当于 50.4% 的回报率。

在两个示例中，我们展示了 RCS 策略的多样性。在第一个例子中，交易持续了整整一年，以利用市场的整体上升趋势获得收益。在第二个例子中，当潜在股价的上升趋势看似受阻时，交易终止。

值得注意的是，这类交易特别适合在指数总体上升的市场中全年跟踪市场指数的表现。使用深度实值看涨期权替代市场中的 ETF，使得增加额外头寸的成本保持在相对可承受的水平。这种相对较低的成本以及交易的频繁调整，为通过增加多头合约的数量来进行利润再投资提供了经常性的机会。这种复利效应可以显著提高总体回报。

译者后记

自20世纪70年代开始，在全球金融市场中，期权作为一种风险管理和投资的工具已得到广泛的发展。特别是在美国、欧洲等发达国家和地区的金融市场中，期权已成为金融市场正常运行的重要组成部分。因其具有成本低、交易手段灵活、组合策略众多等特点，中小投资者、大型投资机构、商业用户都积极参与其中。也因此，期权交易的活跃程度逐步成为衡量地区金融市场发达与否的重要指标之一。

近20年来，我国金融市场处于高速发展阶段，基础的债券市场、证券市场和期货市场已日渐成熟。国内金融市场的高速发展，已使各类市场参与者在风险管理和收益实现上的精细化程度不断提高。期权作为一种重要的衍生金融工具，增加了金融市场的投资手段，满足各类风险管理要求。期权损益的非线性结构不同于债券、股票、期货等损益的线性结构，且同一种期权又有不同的履约价和到期日，能够搭配出多种组合，形成不同的损益形态，为金融市场参与者提供更多资产及风险管理的选择。逐步建立对实体经济支持力度更强的金融体系，逐步推出各类期权产品，对于推动我国资本市场长期健康发展有着特殊的意义。

对大部分投资者来说，期权交易仍较为陌生。因此，在进行期权交易之前，做好期权知识的学习和研究工作，对于每一个金融市场参与者来说都是必要的，而寻找一本适合的入门指导教材显得尤为重要。本书的目标读者是那些刚开始学习期权以及有一定期权基础的、想提高自己期权基础知识水平的人。作者巧妙回避了对于期权初学者来说非常复杂和难以理解的金融数学公式，而是通过大量的实际交易例子和自身的市场交易经验，引导读者理解和运用期权交易策略。本书的最大亮点在于，带领读者以期权交易者的角度去思考，指导读者如何在不同的市场环境中采取对应的交易策略来实现自身的交易目的。因此，即使你已经是资深的期权市场研究人员，这本书同样具有宝贵的参考价值。

本书的翻译团队主要由上海中期期货股份有限公司研究所相关成员组成：第 1～15 章由王舟懿负责翻译，第 16～19 章由李霁月负责翻译，第 20～23 章由李天尧负责翻译，第 24～27 章由李白瑜负责翻译，第 28～31 章由郭金诺负责翻译，全书由韦凤琴、雍恒统稿。在翻译的过程中，研究所其他同人也给予了莫大的支持，保证了本书翻译工作的高效、高质。

最后，对于翻译工作中出现的疏漏、错误，恳请读者批评指正。

王舟懿　李霁月　李天尧　李白瑜　郭金诺

上海中期期货股份有限公司研究所